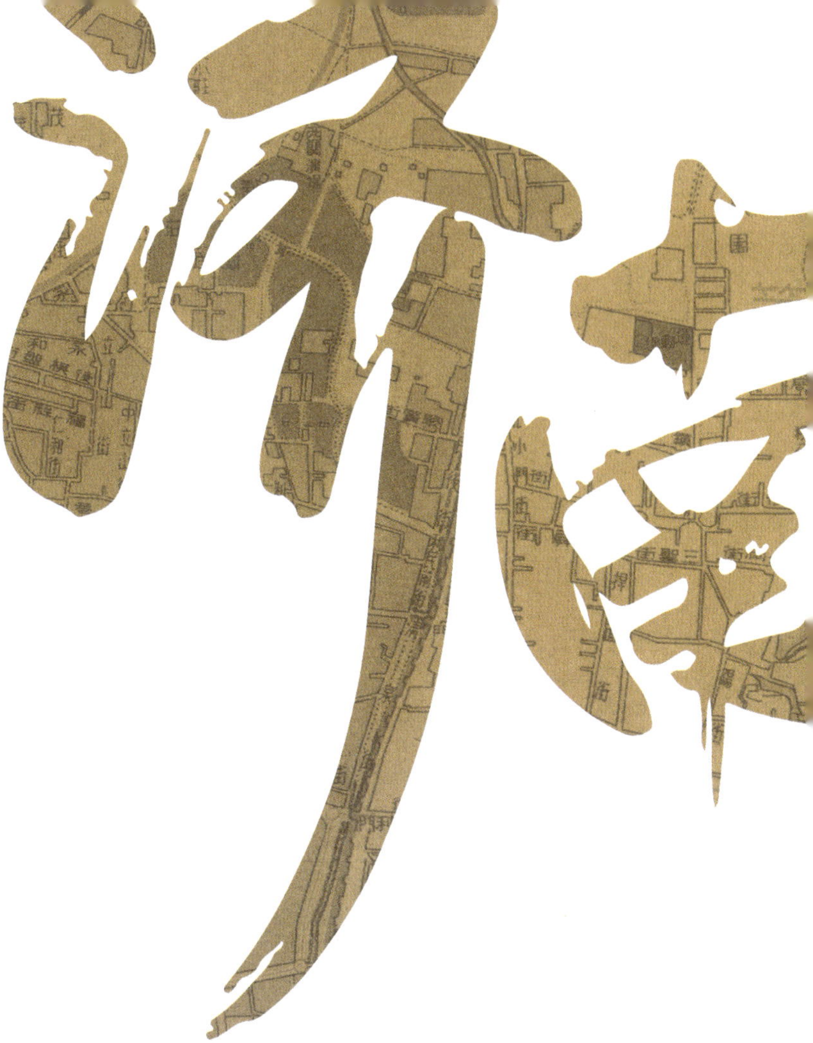

济南

杨峰·主编

周舒·著

千古词宗—易安

李清照

山东城市出版传媒集团·济南出版社

讲好济南故事是我们的使命

看到济南出版社重磅推出的"济南故事"系列丛书,无论是作为济南城市的建设者,还是作为在这座历史文化名城工作与生活了数十载的济南市民,我都深感高兴与自豪。

伴随着这座历史文化名城发展变迁的足音,感受着这座时代新城前行律动的脉搏,我们会感到脚下的大地熟悉而又陌生。当时光列车驶入21世纪第三个10年的历史关口,济南的明天将会怎样,想必是每一位济南人都迫切需要了解的。要知道济南向何处去,首先要回答济南从哪里来。只有了解济南的昨天,才能知道济南的明天。了解济南故事,讲好济南故事,让更多的济南人热爱济南,让更多的外地人了解济南,使之成为建设美丽济南的磅礴动力,是我们义不容辞的使命。那么,了解济南故事,从阅读这套丛书开始,应该是个不错的选择。

济南是一座传统与现代相互融合的城市。一方面,济南地理位置得天独厚,南依泰山,北临黄河,扼南北要道,北上可达京师,南下可抵江南。济南融山、泉、湖、河、城于一体,风景绮丽,秀甲一方。她群山逶迤,众泉喷涌,城中垂杨依依,荷影点点,既有北方山川之雄奇壮阔,又有江南山水之清灵潇洒,兼具南北风物之长。作为齐鲁文化中心,她历史悠久,文脉极盛,建城两千多年以来,文人墨客、名士先贤驻足于此,歌咏于此,留下无数美好的诗篇。近代开埠以来,引商贾、办工厂、兴教育,得风气之先,领一时风骚。这些都是济南的老故事。

另一方面,作为山东省政治中心、经济中心、文化中心,当前的济南正面临新旧动能转换起步区、中国(山东)自由贸易试验区济南片区、黄河流域生态保护和高质量发展三大国家战略叠加的重大机遇,正对标习近平总书记

"走在前列、全面开创"的目标要求，阔步从"大明湖时代"迈向"黄河时代"。今日之济南，围绕"打造四个中心"，建设"大强美富通"现代化省会城市，努力争创国家中心城市，统筹谋篇布局经济社会发展，大力发展大数据与新一代信息技术、智能制造与高端装备、量子科技、生物制药、医疗康养等十大千亿级产业集群，加快产业转型升级，一大批重大工程、重大项目落地投产，城市发展充满了无限生机。同时大力推进城市建设管理更新，中央商务区勃然起势，"高快一体"快速路网飞速建成，城市容颜焕新蝶变，城市品质赋能升级，城市文明崇德向善，生活在这座城市里的人们，有着以往从未有过的获得感、幸福感和安全感。现在的济南又趁势而上，加快实施公共卫生应急管理、营商环境优化、双招双引、项目建设、科技创新、城市品质提升、扩大对外开放等十二项重点攻坚行动，踏上了更为壮阔的高质量发展新征程。这是济南故事的新篇章。

作为时代变化的参与者、见证者，同时也应是优秀传统文化的守望者和美好故事的讲述者，我们有责任深入讲好济南故事，告诉世人济南的前世与今生。但也许是尊奉礼仪之邦"讷于言而敏于行"的古训吧，这些年我们做了很多，讲得却还不够。济南出版社策划出版"济南故事"系列丛书，可谓正当其时。它从多层面多角度挖掘、整理和诠释济南风景名胜、人文历史，向世人娓娓道来，并以图书的形式呈现出来，是一件有着深远意义的事情。我希望这套丛书能成为一把钥匙，为读者打开一扇门，拨开历史的风尘，带领读者穿越时光，纵览波澜壮阔的历史长卷，与往圣先贤来一场跨越时空的对话。

翻开它，我们走进历史；合上它，我们可见未来。

中共济南市委常委、市委宣传部部长

李清照：千古词宗一易安

第一章　如梦令——少年时，一场东京梦华　/ 1

第二章　一剪梅——初嫁了，且说闲愁静好　/ 27

第三章　小重山——归来堂，十年清梦逍遥　/ 61

第四章　凤凰台上忆吹箫——别家乡，空叹人生凄凉　/ 89

第五章　临江仙——山河破，故国生死离恨　/ 113

第六章　孤雁儿——哀江南，漂泊天涯难归　/ 137

第七章　声声慢——寻觅处，凄凄惨惨戚戚　/ 161

尾　声　这次第，怎一个愁字了得　/ 185

JINAN 济南故事

第一章

如梦令——少年时，一场东京梦华

争渡，争渡，惊起一滩鸥鹭

那当是宋哲宗元祐四年（1089）的仲春时节，大宋国都东京城内早已春容满野，暖律暄晴。所见处，皆是粉墙细柳，烟笼巷陌。道路旁的花都开了，惹得莺啼芳树，燕舞晴空。至于那些城中之人，或是香轮暖辗，或是骏骑骄嘶，熙熙攘攘地向着四方散去，只为一探东京城外的春天。

许多人都奔向了城西的新郑门，门外大道的南北两侧是皇家琼林苑与金明池。每逢春来，朝廷便会下令准许士卒百姓前往游赏。听说，文正公司马光生前曾盛赞此地"日华骀荡、波光静绿"的美景。如今贤者虽去，但东京的百姓们依然感念他的恩德，更愿意去一睹皇家园林的胜景。

然而，在华盖云集的通衢大道上，几辆车子却逆流而行，向着城内缓缓驶去，故此尤其惹人注意。风动车帘，那中间车篷里一个六七岁的女童正用她明澈的双眸打量着这个如梦如幻的都城，期待着见到她的父亲。

城西一隅，一处宅院前高悬着"李宅"匾额，两盏泛黄的油纸灯笼在微风中摇荡。当此繁花正盛时节，院内却是竹影参差，苔痕浓淡，一片荫翳。那翠竹掩映中有一间阔亮的轩室，匾额上"有竹堂"三个楷字绵劲迟涩，别具一格。

此时轩内可谓济济一堂，他们大都算是"旧党赤帜"文正公司马光的故人。当中高坐一位峨冠多髯者，正吟咏着"怕愁贪睡独开迟，自恐冰容不入时"的诗句。众人听了都拍案称赞，尊他一声先生，又称他作坡老，原来正是翰林院大学士苏轼。

至于座下弟子，皆是当朝名儒雅士：秘书省校书郎晁补之，太学博士张耒，国史编修官黄庭坚与秦观，还有同在馆职以文章受知于苏轼的李格非、廖正一、李禧、董荣等人。

[宋] 赵佶 文会图

这些老少儒生们聚在一起，除却吟诗作赋，感慨春光，更是为了庆贺李格非喜迁新居。三年的苦心经营，李格非终于在京城有了这一方安居之地，可以与家人团圆相聚。

众人正说话时，外间传报，小姐李清照来家了。

时人说起李格非，都知他是山东济南章丘人，与其父皆出自忠献公韩琦门下，文章清流，颇具风骨。宋神宗熙宁九年（1076）赴考之时，众人皆以诗赋应考，唯有李格非大胆阐述经学，写下数十万言《礼记说》，由此得中进士。

大约正是李格非不入俗流的品性，加之他"俊警异甚"的相貌，竟惹得中书门下平章事、集贤殿大学士王珪的青眼，将长女许以为妻。

做了当朝宰辅的乘龙快婿，李格非的仕途本可平步青云。谁承想，他并未汲汲于官场，而是赴任冀州（今河北衡水冀州），当了个司户参军的小官，后又转至郓州（今山东泰安东平）任教授。

李格非一向清廉自守，上官见他清贫，考虑朝廷也有兼职兼薪的制度，便劝李格非兼任一个官职，增加些薪俸。岂知李格非竟是一口回绝。虽然许多人笑他迂腐呆板，却也见其高风亮节。

可惜可叹的是，结缡经年，发妻早亡，只留下一女，名清照。彼时李格非已年届不惑，他归居乡里，膝下唯有幼女相伴，故而每日教她读书习文，聊作慰藉，更不会多想朝堂纷争。

若说起大宋朝的庙堂诸事，自神宗熙宁二年（1069）王安石拜相时起，便开始了一场旷日持久的党派之争。力主革新的王安石晋用吕惠卿、章惇、韩绛等新人，与朝中保守大臣韩琦、司马光、苏轼等抗衡。新旧两党更迭执政，王安石两度拜相、两番辞官，司马光更是退居洛阳十五年。这期间，种种新政时行时废，群臣百姓无所适从，苏轼、黄庭坚等人也是遭此牵连，宦海沉浮。

元丰八年（1085）三月，神宗赵顼驾崩，年仅九岁的太子赵煦继位，是为宋哲宗。太皇太后高氏临朝听政，遂下旨废除新法，恢复旧制，苏轼、黄庭坚、晁补之等旧党官员纷纷被召还京城，而李格非亦是趁此春风入补为太学录。虽然只是个九品小官，可他毕竟是来到了东京城内，还能与这些良师益友时时雅会，说古论今，岂不快哉？

如今，李格非转为太学正，遂决意购一居所，将幼女接来亲自抚养。他修整庭园，栽花种草，阶台旁侧，遍植翠竹，请黄庭坚泼墨题写了"有竹堂"的轩名，想来也是为了怀念文正公司马光当日在洛阳的独乐园种竹轩。

跟随仆人缓缓走向有竹堂的时候，李清照的内心充满着喜悦。尽管当年父亲李格非离家赴京时李清照不过三四岁，但朦胧间仍留存着对父亲的最初记忆：他说话很率直，浑身上下透着一种宁折不弯的精神气，心底总是那样敞亮。

实际上，李清照觉得自己的家人都是性情旷达之辈，这大约和故乡的水土风情是分不开的。想到此间，李清照不由得惦念起了故乡，惦念起章丘的老宅。毕竟，她迄今为止的全部回忆都留在了那里。

坐落于济南府城东面的章丘是个山环水绕的秀雅小城。仰面南望，一脉青山横亘东西，正是泰山岱阴。城内流水明净，前后萦回，其泉水之盛可与济南城相媲美，故而有"小泉城"之誉。

李清照最惦念的是老宅东北不远处的百脉泉。长辈们都说，南丰先生曾巩在济南做知府时曾言济南一带的泉水"皆岱阴伏流所发，西则趵突为魁，东则百脉为冠"。

每次出门李清照都要去泉水池边玩耍，看着它们汩汩而出，街漾巷溢地向着绣江河汇聚而去。至于春夏时节，水岸边必有垂柳婆娑，轻柔妩媚，尤为多情。

齐鲁山川的豪迈与流水清泉的婉约塑造了济南，亦塑造了这座城里的人。

说起李家，虽不是什么豪门贵族，却也是诗书世家，父子两代文章清流。尽管李清照尚在襁褓时便失去了母亲，三岁时父亲又去乡赴任，但她的幼年生活从来都不凄凉孤独。老宅里有慈爱的祖父，有和善的伯父伯母，还有一心爱护幼妹的堂兄李迥。在这个温馨自如的大家庭里，李清照的天性得到了极大的释放，度过了一段无拘无束的时光。

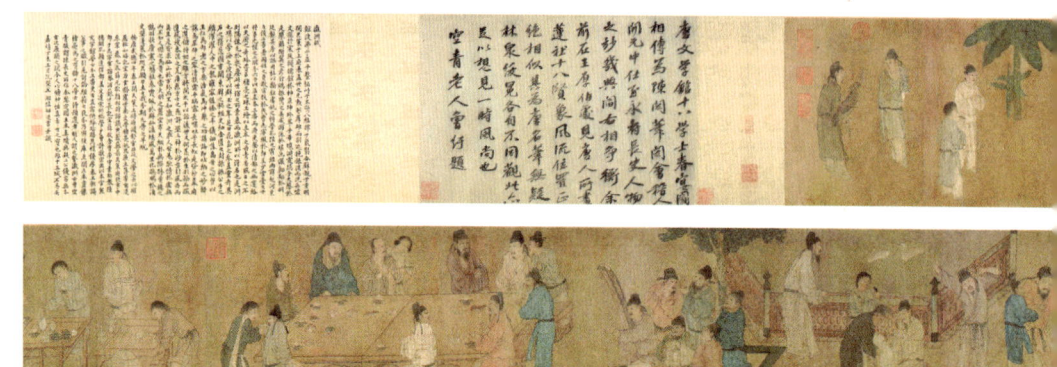

年前的时候，李清照因见堂兄李迥在抄录一份《廉先生序》，才知道那是她的父亲李格非所撰。早年间，李格非兄弟三人曾一同拜谒过廉复先生，那时候，年少的李迥得以陪侍左右。为此，李清照便常常缠着李迥，要他讲起当年之事，又闹着要往西郊一游，同去寻访廉先生的旧时居所。当时，李迥哄着年幼的妹妹，只说来年春日再去。

谁知道，到了春日，李清照却要到东京城里来寻春了。

一时，李清照进得堂内，拜见了父亲与诸位叔伯尊长。她虽然年幼，但言语机敏，性情率真，惹得众人怜爱不已，都赞她大有其父风范，想必将来也要做个宁折不弯的女夫子，相助丈夫博取功业，亦可留个才女之名。

李格非听得同契笑谈，只是捋须一笑，屏退女儿，向众人开樽劝酒。一阵风过，摇得窗外竹叶乱响，而谁又能想到，这一日春宴散去，席上诸公便如风云流散，再无聚首之日。

彼时，因文正公司马光、司空吕公著皆已辞世，朝政大权落在吕大防、范纯仁之手。旧党诸人对新党极尽打击，恨不能斩草除根。而在旧党内部，又因为如何废除新法产生分歧，彼此排挤，互相攻击，竟分化为三党：以洛阳人程颐为首的洛党，以四川人苏轼为首的蜀党，以及以河北人刘挚、梁焘等人为首的朔党。

[宋] 佚名 春宴图

面对如此纷争,曾因乌台诗案被贬黄州的苏轼早已心生厌倦,何况他已过知天命之年,见自己既不能容于新党,又不能见谅于旧党,便自请外调,待春色尽时便要前往杭州,远离纷争。至于朝堂诸事,虽说由太皇太后主政,力图恢复旧制,但敏锐之人都觉察得到:堂上的少年天子一如其父,满怀锐意。待太后撤帘之日,便是改换朝局之时。

朝堂风云如暗涛汹涌,宦海浮沉又岂由个人做主?此时间,所有人都不过是在山雨欲来之前偷得片刻喘息而已。而初到东京的垂髫小女李清照,则在这暴风雨前最深沉宁静的岁月里,在父亲李格非的庇护下,度过了一段欢欣自由的青葱岁月。

如梦令

常记溪亭日暮,沉醉不知归路。兴尽晚回舟,误入藕花深处。争渡,争渡,惊起一滩鸥鹭。

在她的记忆中,这一个吹拂着清风的夏日傍晚,青青道边有着千亩荷田。此时的李清照已然是个年过豆蔻的少女了,她背着父母尊长,与一群要好的小姐妹悄悄出游。她们在满湖的荷花里荡起轻舟,肆意地饮酒作乐,乃至沉沉醉去忘了归程。

[宋] 佚名 莲池水禽图

日色落了，湖水也化作了荷花般的嫣红。待她们蒙眬醒来，似乎已忘了身在何处。不过这样也好，她们可以趁此赛一次划船，较一回高低。于是，湖水被船桨打起了波涛，那荷叶下栖息的鸥鹭惊拍起雪白的翅膀，如挥洒的天真一般，腾飞而去。

在这阕三十三字的小令里，世人看到的不仅仅是一段纯真欢乐的闺阁时光，更是李清照那烂漫洒脱却也争强好胜的女儿形象，甚至不难想见，即便是幼年丧母，李清照身上也从未沾有那种闺阁柔弱之气，她从不自怨自艾，更不会自觉凄凉。

在李清照来到东京城后的两三年间，她的父亲李格非便升任太学博士，转而右迁校对秘书省黄本书籍。元祐六年（1091）十月，宋哲宗赵煦幸驾太学，李格非奉命撰写君臣唱和诗的碑文。大约也就是在那几年间，李格非出于承继宗祧、抚育幼女的考虑，迎娶了一位继室。

说起李格非当年迎娶发妻王氏之时，正是岳父王珪官声显赫之日，先是超授为银青光禄大夫，后又拜尚书左仆射兼门下侍郎，封郇国公，掌一朝之政。元丰八年（1085）初，宋神宗病重，尚书右仆射蔡确等人有心在宋神宗的弟弟雍王赵颢、曹王赵頵中拥立一位为帝。王珪率宰执入见，力谏以延安郡王赵煦为储君，由此得授金紫光禄大夫，进封岐国公之爵位，死后追赠太师，谥号文恭。而那时的李格非还只是个八九品的郓州教授，他便是以此身份被写入了王珪的神道碑中。及至入京为太学录，李格非也并没有靠着岳父的声威换取头衔，仍旧踏踏实实地做着自己的蝇头小官。

至于李格非如今续娶的继室，恰恰也姓王。虽说此王非彼王，但这第二位王氏夫人亦出自世宦门庭，乃是检校太师、上柱国、太原郡开国公王拱辰的孙女。

尽管世事已过了整整一个甲子，但百姓们仍对王拱辰十九岁状元及第，得宋仁宗赐名之事津津乐道。王拱辰历仕三朝，累拜御史中丞、太子少保，蒙宋神宗钦赐金方团带，封太原郡开国公，宋哲宗继位后加检校太师。元丰八年（1085）王拱辰病卒，朝廷追赠开府仪同三司，谥号懿恪。

虽然李格非续娶王氏时王拱辰已逝，但簪缨之家气象犹存。而王家能够看中年将半百的李格非并将女儿嫁给他，大约也是欣赏李格非的品性才华。况且王拱辰自宋仁宗庆历年间起便反对新政，宋神宗时王安石两度变法，王拱辰则接连上疏，极言保甲法之弊端，深为新党嫉恨。而今王家选婿，自然会更加偏重身为旧党的李格非。

先娶岐国公王珪之女，后娶开国公王拱辰之孙，李格非两番联姻皆是东京城中的显赫门第。但是，两位妻子的家世门楣都没有为李格非的仕途增添助力，或者说，李格非本就不是为着功名利禄而去结亲的。

无论是湮没无名的发妻，还是"亦善文"的继室，都没有成为李格非炫耀的资本。至于朝堂上的新旧党争，李格非也毫不热衷。他所能坚持的，就是做一个兢兢业业的秘书省校书郎，做一个挚诚勤恳的士子。

继母王氏的到来并没有给李清照增添过多的烦恼，或许李清照能够尽情地研习诗文辞赋也得益于继母的教导。毕竟在当时的东京城内，许多贵族门庭都有教导闺阁女子读诗作文的风气，就如同教授她们女红针黹一般，都是将来议婚定亲时的资本。

李清照曾听说，明道先生程颢、伊川先生程颐的母亲侯氏就好读书史，博知古今，对前代治乱兴废之事颇有见解，"二程"先生常引以为傲。只可惜，夫人不好辞章，亦不喜欢妇人的书札传于外人，所以并无诗文篇章留存于世。

曾巩的弟弟、龙图阁学士曾布所娶魏夫人也雅好诗书，李清照曾辗转求得她的诗词篇章，不仅爱她《定风波》词中"不是无心惜落花，落花无意恋春华"之伤怀，更爱她《虞美人草行》诗里"英雄本学万人敌，何用屑屑悲红妆"之豪壮。

李清照曾读过文正公司马光所撰《家范》，他说："古之贤女无不好学，左图右史，以自儆戒。"但文公正却又觉得，读书只是为了让女子修成德言容功之大德，至于刺绣华巧、管弦歌诗一类的奇技淫巧，便不该学了。

这让李清照感到困惑，她时常自问，父母大人对自己的诗书教导是否最终也希望她成为曹大家班昭《女诫》中所标榜的那种"有善莫名，有恶莫辞；

李清照蜡像之父母教诲

忍辱含垢,常若畏惧"的执帚之妇?曹大家身为班彪之女、班固之妹,幼读史籍,博学高才;上书朝廷,为兄请命;续写《汉书》,名留青史。想其心智才华、胆魄见识早非寻常女子能比,可为何还是装扮出一副"战战兢兢,常惧绌辱"的样子?

每每思此,李清照便越发钦佩文忠公欧阳修在《谢氏诗序》里为好友谢伯景之妹谢希孟的打抱不平。文忠公赞叹此女诗文"隐约深厚,守礼而不自放,有古幽闲淑女之风,非特妇人之能言者也",更哀叹她"不幸为女子,莫自章显于世"。文忠公甚至认为,孔夫子尚能将卫庄姜、许穆夫人的诗篇列入《诗经·国风》,为何当今有识之士不肯向世人推举谢希孟之诗作,使之散佚不闻?

由此,李清照萌生出一个念头:她的诗词文章,就是要写给世人看的。

尽管在东京城里李清照也结识了几位同为官宦千金的密友,尽管她也会同她们春日踏青、夏时采荷、秋夜赏月、冬来吟雪,躲在屏风后面说些闺阁私话,谈些女儿心事,但这些都不足以抚慰李清照那不同寻常的性灵。她一心一意地沉浸在自己的天地中,多少内心的隐秘只能交付翰墨书香。在那里,李清照可以探索更广阔的世界,可以体味更多样的人情。或许,对李清照来说,诗词才是她真正的闺中伴侣。

失题

诗情如夜鹊,三绕未能安。

月明星稀的夜晚,东京城内的许多闺阁千金都未能安歇。她们临窗而望,对月长吁,十之八九心中所想的都是终身将归何处,未来的夫婿又是何等模样。有的人或许会趁此焚香祷告,口中喃喃念着的是祈盼父母安康,私心里暗祝的还是早成佳偶。

李清照同样不曾睡去,清朗的夜空令她心境大开,仿佛有无限的情愫环绕心头,却又说不清道不明。于是,她来至庭中,徘徊树下,想要理清思绪。不料,却惊起了树梢上的几只乌鹊,拍翅飞起,几度落下又几番飞旋。

寂然凝虑的刹那间,李清照已思接千载:她看到了千年之前三国时期曹孟德吟咏《短歌行》时的情境,也感知了自己的

[宋]佚名 梅竹双鹊图

真心。原来，那些缠绵心头，教她涌动不安的情思竟是自己万般难耐的诗情，如同那绕树的夜鹊，久久不能停歇。

转而，李清照又思及唐诗人孟郊之"夜学晓不休，苦吟鬼神愁"，贾岛之"二句三年得，一吟双泪流"，此刻她终于解得吟诗之苦。

而彼时的李清照并不会想到，千载之后的人们亦会在这样一个清愁的夜晚，吟念她《如梦令》之"知否，知否，应是绿肥红瘦"，《醉花阴》之"莫道不销魂，帘卷西风，人比黄花瘦"，还有《凤凰台上忆吹箫》之"新来瘦，非干病酒，不是悲秋"。她也不会想到，自己会成为中国文学史上大名鼎鼎的"李三瘦"。

知否，知否，应是绿肥红瘦

虽然李清照在东京城度过了一段美好的少年时光，但这并不意味着风雨雷霆从未降临到李家。那一年有竹堂春宴上诸公的隐忧，很快就到来了。

李清照来至京城的第四载，也就是宋哲宗元祐八年（1093）。正月间，一则讣闻从遥远的岭南传至东京城开封府——英州别驾蔡确病逝于新州（今广东云浮新兴）。

蔡确乃是宋神宗元丰年间的新党魁首，与李格非的岳父王珪同为宰辅。彼时，王珪虽是尚书左仆射兼门下侍郎，为首相，但实际掌权的还是身为尚书右仆射兼中书侍郎的次相蔡确。

宋哲宗即位之初，王珪病逝，蔡确曾转为首相。但因太皇太后主政，旧党复起，新党连遭打压。蔡确更是被一贬再贬，最后至邓州（今河南邓州）任知州。

元祐四年（1089），左谏议大夫梁焘、右谏议大夫范祖禹等旧党中人因蔡确在安州（今湖北安陆）任上曾作《车盖亭诗》十首，遂以此讪谤，称蔡确诗中有讥讽朝廷之意，将太皇太后高氏比作谋篡皇权的武则天。于是，蔡确最终被贬为英州别驾，流放岭南新州。当是时，旧党众人大为雀跃，他们将司马光、范纯仁和韩维誉为"三贤"，将蔡确、章惇和韩缜斥为"三奸"，更借着"车盖亭诗案"的风波对新党展开打击。章惇、韩缜、李清臣、张商英等人皆遭贬斥，新党一派险些倾覆。

而今，蔡确死于瘴疠之地，旧党闻之，无不欢欣鼓舞，却偏偏有一人为蔡确写下了挽诗。此人，正是李格非。

"丙吉勋劳犹未报，卫公精爽仅能归"。挽诗中，李格非将蔡确比作汉武帝时的廷尉右监丙吉，后者曾在"巫蛊之祸"中救护了还是皇曾孙的汉宣帝刘询。李格非更叹蔡确犹如中唐时期的卫国公李德裕，虽然功勋卓著，却因党争而贬死崖州（今海南海口东南）。

由此看来，李格非虽为旧党，却十分认可蔡确当年之政绩。一首《挽蔡相确》诗大有为其鸣不平之意。这看似匪夷所思，其实自有因缘。

李格非将蔡确比作丙吉，乃是暗喻宋神宗弥留之时蔡确与王珪力谏拥立宋哲宗之事。而作为王珪的女婿，李格非与蔡确有私交往来当在情理之中。

虽然李格非与苏轼等人交好，被认作旧党之列，但性格直率耿介的他从未积极参与过所谓的党争，甚至对新旧党争几乎没有任何兴趣。宦海仕途，李格非从来是在其位谋其政，只想做个清廉正直的好官；而与人结交，他更是不重虚名，只看彼此是否性情相投。

蔡确其人，不拘小节，崇尚气节。早年在开封府任管干右厢公事时，他曾抨击不合理的庭参之礼，由此受到宋神宗的褒奖，为王安石所器重。熙宁年间，相州观察判官陈安民误判了一桩劫盗杀人案，致使无辜之人枉死。陈安民贿赂了大理寺上下官员，并请时任宰辅的儿女亲家吴充帮忙周旋。蔡确察觉后遂将案件移交御史台重审，严惩了陈安民，由此博得王珪的青睐。不难想见，李格非对蔡确的认可，有一部分是志趣相投的缘故，故此才会作诗哀挽。

作为性情中人，李格非处世待人的方式看似过于耿直，易遭挫折。但不得不说，在众多旧党官员、苏门弟子中，李格非确实是运气还算不错的那一位。

而此间种种，都为将来李清照能够嫁给赵明诚，成为新党后起领袖赵挺之的儿媳埋下了因果。

就在蔡确病死岭南的那一年，九月间，太皇太后高氏去世，十七岁的宋哲宗终于得以亲政。他当即召回那些被贬在外的新党官员，起用章惇为相，并下旨于次年改元"绍圣"，以示绍述先帝熙宁、元丰年间的新政之意，将太皇太后高氏临朝时所废新法尽皆恢复。

与此同时，宋哲宗也开始清算朝中旧党。他削除了文正公司马光的赠谥，一再追贬；他将旧党要员吕大防、刘挚、苏轼等纷纷贬往岭南，纵然大赦天下时也不肯免去众人罪名。宋哲宗甚至称太皇太后高氏是老奸擅国，要追废其宣仁圣烈皇后的谥号。这个被压制了近十年的少年帝王，满心仇恨地要报复那些曾经轻慢了他的旧党老臣，要让他们永无翻身之日。而在这场朝堂风暴中，作为旧党成员，李格非的际遇却变得微妙起来。

宋哲宗绍圣元年（1094），章惇请旨意编撰《元祐诸臣章疏》，意在搜集旧党官员的奏疏，以便更好地罗织罪名，进一步打击旧党。而当时章惇所推荐的编撰检讨官，乃是李格非。

若撇开新党旧党之论，章惇亦是个豪迈傲物之人。朝堂内事上他力主革新，而对外军事上更是个强硬派，对司马光向西夏割地求和的举动极为不满。这恐怕也是章惇痛恨司马光，恨不能在其死后掘坟开棺的原因之一。

至于章惇和李格非之间，则早有渊源。宋神宗元丰二年（1079）时，苏轼因"乌台诗案"被羁东京，御史李定、舒亶等人意欲除之而后快。彼时，朝中众臣纷纷上书，劝谏宋神宗不要屈杀苏轼，甚至连新党之人也为苏轼辩冤。可时为宰辅的王珪非但不肯援救苏轼，反出于私愤趁机诬陷，而此时愤然挺身，替苏轼御前力争的人正是章惇。

实际上，章惇虽与王珪同为新党，却和身为旧党的苏轼私交颇深，并未因党争而弃人情于不顾，对友人妄加诬陷。此后，新党领袖王安石以一句"安有圣世而杀才士乎"打动了宋神宗，下狱一百零三日的苏轼才免于一死，被贬为黄州团练副使。

或许在章惇看来，李格非虽然是王珪之婿，但他并未碍于岳父的情面而疏远苏轼，反倒投入苏轼门下。至于去岁李格非为蔡确题写挽诗的举动，恰与章惇当年义救苏轼之举如出一辙。这一切，恐怕都令章惇对李格非青眼有加。

只是，如今贵为相国的章惇再不能像当年一样，可以不顾党争之利，为了私情而庇护旧友。至于他召李格非编撰《元祐诸臣章疏》的决定，恐怕正是出于一种夹杂着政治斗争与人情博弈的复杂情感。而面对如此纷乱的境况，李格非却极为爽快地给出了答案——辞而不就。

李格非因"戾执政意"被贬为通判广信军（今河北徐水遂城西）的这一年，女儿李清照年方十一。那时，李格非的幼子李远或许才刚刚出生。东京城西的李宅，只有弱妻幼女支撑门庭。

然而，这件事尚不值得一家人为之唏嘘胆寒，相较于远放惠州（今广东惠州）的苏轼，李格非的贬所距离东京城不足千里。而与其他苏门弟子相比，李格非也不是境况最为凄凉的那一位。

在通判广信军的那段日子里，李格非依然没有改变他鲁直刚正的作风。当地位于宋辽边境，民风彪悍淳朴，但也容易轻信鬼神邪术。当地有一个老道，因声称能够预言祸福，官员百姓们多有信奉。一日，李格非撞见老道乘坐马车招摇过市，大为恼火，遂当即将其捉拿，更戳穿了老道妖言蛊惑的把戏，将其杖责一番，撵出了广信城。

即便被贬外放，李格非也是如此我行我素，不惧旁人非议，不怕再遭贬谪。更令人意外的是，当黄庭坚、晁补之、张耒、秦观等人陷入不断遭贬的境地时，李格非却很快被召回京城，复为秘书省校书郎，转任著作佐郎。而他所取代的，恰是黄庭坚、晁补之曾经的位置。

绍圣二年（1095），章惇命中书舍人兼国史修撰蔡卞查证《神宗实录》中所记之事，认为其中多有不实之词，黄庭坚、晁补之等前任著作佐郎遂被召至京城接受盘问，最终都因失实之罪再度被贬。黄庭坚流放黔州（今重庆彭水），又移戎州（今四川宜宾）；晁补之最终谪监信州（今江西上饶）盐酒税，皆是山高水远、交通闭塞之地。

至于意外成为著作佐郎的李格非，也并未因此与几位学友产生嫌隙，甚至反因此情谊更深。这些沉浮于宦海波涛中的文人们，无论是刚直敦厚，还是狷薄落拓，都保存着一份不可更易的风骨，支撑着他们度过那风波不定的时代。

而已然开始读诗咏史的李清照，也从父亲与诸位叔伯尊长的境遇里，看到了一种百折不摧、傲然世间的精神。即便她只是别人口中的小小女子，也发自心底地向往着此种高山景行。

如梦令

昨夜雨疏风骤，浓睡不消残酒，试问卷帘人，却道海棠依旧。知否，知否，应是绿肥红瘦。

世人皆言李清照的两阕《如梦令》是她名噪京城之作。当时，东京城豪门中人人乐谈的小才女已过及笄之年，她的父亲李格非也已升任礼部员外郎。这两阕词或许就是李家特意流传出来，只为李清照博个雅名，好教那些心慕芳仪的宦门子弟登门求亲。

论起这两阕《如梦令》，"常记溪亭日暮"一则写的是女子嬉游之态，而"昨夜雨疏风骤"表达的正是闺阁惜春之情。书院士子、诗书方家，无不为那"知否，知否，应是绿肥红瘦"一句击节称赏，只觉得如此清新

[宋] 佚名 海棠蛱蝶图

词作出自女子之手实属奇事，却又似乎正合女子所吟。乃至于到了后世，明朝戏曲理论家沈际飞都在《草堂诗余正集》里赞叹，认为李清照的"知否"二字"叠得可味"，而"绿肥红瘦"能由妇人想出，实是"大奇"。

为此，人们不禁想象，李府深闺中的那位千金小姐该是何等模样？而在他们的臆想里，李清照应该是多情且柔情的，还应该有些烦恼的心事。否则，她不会夜来赏花，醉饮一场，伴着风雨之声沉沉睡去。一夜酣眠，残酒难消，当丫鬟卷起珠帘唤她清醒的时候，李清照牵挂的还是昨日的海棠花儿是否被风雨所欺。那"绿肥红瘦"四字曲折委婉，含着无限意蕴，正是闺阁之人爱花惜花、感叹流年的春情。于是，人们纷纷认定，闺中词女李清照正盼望着于归之期。

然而，世人或许把李清照看得太过简单了。

诚然，在众多凡夫俗子眼里，一个十六七岁的闺中少女所思所想的还能有什么呢？无非就是"嫁得一心人，白首不相离"罢了。日后相夫教子，赢得个贤妇美名，再博个朝廷封诰，便可算得一生完满。李清照这一句"绿肥红瘦"，除了叹息闺阁光阴，还能是什么呢？然而，人们想象不到，甚至是不愿去想，李清照的这一句"绿肥红瘦"实则是向前辈诗家发起挑战。

懒 起

百舌唤朝眠，春心动几般。

枕痕霞黯澹，泪粉玉阑珊。

笼绣香烟歇，屏山烛焰残。

暖嫌罗袜窄，瘦觉锦衣宽。

昨夜三更雨，今朝一阵寒。

海棠花在否，侧卧卷帘看。

这是晚唐时期文人韩偓的一首五言诗，李清照之《如梦令·昨夜雨疏风骤》乃是从《懒起》之末四句化出。韩偓作诗，多艳词丽句，善写男女之情，更好描摹女子姿容情态。这种秾丽纤巧的诗风源自南朝宫体诗,只是韩偓将他的目光从宫廷内苑转移至士大夫生活,更显狎邪,被称作"香奁体"。后世诗人每每拟写闺阁之情,多效仿韩偓诗风,而此种缠绵情愫确实更容易打动女子之心。

但是,作为一个更愿意在诗书之中寻找广阔天地的闺阁女子,李清照对于诗词的追求早已超越了寻常的脂粉气息。故而,她摒弃了韩偓《懒起》诗中那些传统闺怨的绮丽妩媚,只截取了最末四句,翻作了一阕旷世之词。韩偓把"瘦"字留给了一位"泪粉阑珊"、形象刻板的怨妇,而李清照却把"瘦"字交付与一朵花似人心的雨后海棠。

她,只用"绿肥红瘦"四字,便击败了两百年前的一代诗宗。

实际上,正因为李清照对韩偓诗篇高超的改写,以至于一阕存疑的词篇一直被认定为李清照所作。

点绛唇

蹴罢秋千,起来慵整纤纤手。露浓花瘦,薄汗轻衣透。见客入来,袜刬金钗溜。和羞走,倚门回首,却把青梅嗅。

宋元年间的相关词集里,这阕《点绛唇》一直未出现在李清照名下,有的诗词文集将它归于苏轼名下,有的则归于周邦彦名下。但更多的人还是愿意相信,这阕词是李清照所写,其源头正是韩偓另一首名为《偶见》的诗。

偶 见

秋千打困解罗裙,指点醍醐索一尊。
见客入来和笑走,手搓梅子映中门。

显而易见,《点绛唇》词中的少女比之韩偓所写更觉可爱动人,充满了灵动之气。纵然是"袜刬金钗溜"的情致也胜过韩偓"解罗裙"的香艳。至于那"露浓花瘦"四字,再一次将花拟人,浑然是李清照旧时口气,而整篇中所描摹的闺中女子乍见来客的情态，仿佛正是李清照初见登门求亲者的情形。

可是，这些都是世人对李清照的猜想，人们只以为她是个善写词作的思春的小姑娘，还不习惯将她当作一个致力于学的诗书文人。事实上，即便只有十六七岁，李清照也敢于同前辈名家较量，于诗篇中慨然地论古说今。

元符三年（1100）的正旦朝会日，宋哲宗赵煦并没有出现在大庆殿上，这令朝中文武都心生忧虑，尤其是章惇等掌权的新党。去岁八月，宋哲宗最宠爱的贤妃刘氏为其诞下皇长子，哲宗大喜，遂立刘氏为皇后。岂料小皇子一月而夭，随后，刘氏所生之女也暴病而亡。巨大的悲痛令自幼便患有咯血宿疾的宋哲宗病情加重，入冬后更是几番发作寒症，药石无效。

宋哲宗膝下无子，另立新君必得由太后出面，临朝听政。彼时主持后宫的乃是哲宗嫡母，太后向氏，而她同当年的太皇太后高氏一样，也是个支持旧党的保守派。一旦哲宗驾崩，朝堂之上恐怕又要改换局面。正当章惇等人惴惴不安、意图谋划的时候，宋哲宗却于正月十二日突然驾崩。故而那一年的东京城元宵灯节，显得前所未有的清冷凄凉。

当时，向太后以及章惇等重臣都认为应当按照前朝"兄终弟及"的遗制议立新君。只是向太后看中了端王赵佶，而章惇却要拥立简王赵似。

细论起来，宋哲宗赵煦兄弟虽多，但大都早殇，当时所在者只有申王赵佖、端王赵佶、莘王赵俣、简王赵似以及睦王赵偲。章惇认为，依礼律当立哲宗的同母弟赵似。这无疑是将赵煦、赵似兄弟当作了嫡系一脉，引起了向太后的不满。向太后认为，自己身为嫡母，诸子皆是庶子，立君应以长幼而论。章惇便又进言，若按长幼就该立赵佖。可申王赵佖幼年患病，留下眼疾，身体孱弱，向太后觉得他也不宜为君，因此当立有福寿之相且十分仁孝的赵佶。

实际上，向太后的选择不但合乎法理，更合私情。当时，哲宗赵煦与简王赵似的生母朱氏还在世。虽然她一直只被尊为皇太妃，可舆盖、仗卫、冠服等规制悉如太后，若是赵似继位，朱氏的地位一定会再度被提高。而端王赵佶的生母陈氏在他年幼之时便去世了，赵佶对嫡母向太后从来恭敬孝顺，这些都有利于向太后将来临朝听政、执掌国事。

于是，在同知枢密院曾布等人的拥护下，向太后如愿以偿地将端王赵佶推上了皇位，是为宋徽宗。

宋徽宗继位后不久，在向太后的主政下，旧党开始恢复生机。此时的旧党领军人物乃是韩忠彦，他是三朝元老、十年宰辅的魏国公韩琦之子。而在韩忠彦被拜为尚书左仆射兼门下侍郎的同时，原来的左相章惇不断遭到言官弹劾，先是出授越州知府，后又贬为武昌军节度副使，潭州安置。

此时，许多曾遭贬斥的旧党官员陆续得赦，晁补之又召为著作佐郎，黄庭坚以受部员外郎召用，张耒召为太常少卿，秦观也复命为宣德郎，苏轼则复任朝奉郎。这些与李格非阔别数年的师友们，都陆陆续续踏上了返京的归程。

这一日，李府有竹堂上的雅会宾客们尚未聚齐：秦观已于返京途中病逝滕州（今广西梧州滕县）；黄庭坚不愿再为京官，于是辞而不就，迟迟未归；至于苏轼，北归途中因老病驻足于常州，已经上书恳乞于彼终老。

尽管如此，这番雅会也并不显得寥落。多年未见，众位叔伯眼中的黄毛丫头李清照已出落得风仪玉立，文采精华，言辞谈吐更是不俗。一番诗文评鉴后，张耒命仆人递过匣子，取出一张碑文拓本呈给众人。

那是张耒被贬楚地时收得的一张浯溪《大唐中兴颂》碑的乌金拓本，因纸墨、拓工都极为精良，被张耒视若珍品。他小心收藏，带回东京，只为与老友们一同赏鉴。

唐肃宗上元二年（761），时任尚书水部员外郎元结撰写了一篇《大唐中兴颂》，记述的是唐肃宗平定安史之乱，中兴大唐之功业。十年后，元结因居母丧而隐于永州（今湖南永州）浯溪，见此地山石如壁，清润细腻，遂邀鲁郡公颜真卿书丹，将此颂镌刻于石崖之上。

自此之后，多少文人墨客、游学士子都盼着一睹碑文，倒不是为了元结之颂，只为颜鲁公真力弥满、古劲苍雄之书。而此时间，有竹堂上众人得见碑文拓本，不禁纷纷起身，双手轻托，传递而览。待赏完了颜鲁公的书法，众人这才评点起元结的颂文，但觉也是平平，不由感叹这《大唐中兴颂》得以独传天下，实是因为颜鲁公之字。

说罢，众人因问张耒，收得如此珍品可有诗文以记。张耒含笑，遂命人研墨展纸，将自己早已写就的诗篇默写了出来。

读中兴颂碑

玉环妖血无人扫，渔阳马厌长安草。
潼关战骨高于山，万里君王蜀中老。
金戈铁马从西来，郭公凛凛英雄才。
举旗为风偃为雨，洒扫九庙无尘埃。
元功高名谁与纪，风雅不继骚人死。
水部胸中星斗文，太师笔下蛟龙字。
天遣二子传将来，高山十丈磨苍崖。
谁持此碑入我室，使我一见昏眸开。
百年废兴增叹慨，当时数子今安在。
君不见荒凉浯水弃不收，时有游人打碑卖。

随着张耒行笔，众人一面读着，一面议着，都道他诗文之风仍是注重明理、平易自然，但终显得有些粗率质直。不过那末一句实在深沉，兴亡之叹，令人凄冷。

众人正议论纷纷，晁补之偶一扭头，见李清照侍立一旁，虽默然无声，却凝神有思。同为东鲁之人，晁补之亦是个性情爽直落拓之人。他与李格非最为投契，彼此相交俨然兄弟一般，对李清照这个侄女一向喜爱。

于是，晁补之问李清照可是有什么见解。李清照本有些踌躇，不敢擅答，好在父亲李格非与众位叔伯都是豁达明理之人，便都鼓励她大胆直言。

彼时李清照的心中，恐怕对张耒的诗作是有些不满的。且不说此诗平铺直叙，只写郭子仪平定安史之乱的功业，单是那开篇的"玉环妖血无人扫"一句就令李清照大感不快。

《论语·尧曰》篇云："万方有罪，罪在朕躬。"但为何古来帝王失了

李清照蜡像之诗坛绽秀

国,偏要把罪责先推在女人身上?难道当时治国的是女人吗?若说杨玉环的美艳误了唐玄宗,可唐玄宗若是个坚毅英明的君主,又如何会因此而误了国?安史之乱若是杨玉环一人所致,那要天底下那些大丈夫们又何为?李清照不是为杨玉环不忿,她是为自己身为女子而不平。

如此想着,李清照不觉思如泉涌。虽然心底仍旧彷徨不安,可环视堂上众多叔伯尊长,反倒意气更盛。于是,李清照提笔挥毫,洋洋洒洒,立成两首杂言诗以和张耒。

浯溪中兴颂诗和张文潜二首

五十年功如电扫,华清花柳咸阳草。

五坊供奉斗鸡儿,酒肉堆中不知老。

胡兵忽自天上来,逆胡亦是奸雄才。

勤政楼前走胡马，珠翠踏尽香尘埃。
何为出战辄披靡，传置荔枝多马死。
尧功舜德本如天，安用区区纪文字。
著碑铭德真陋哉，乃令神鬼磨山崖。
子仪光弼不自猜，天心悔祸人心开。
夏商有鉴当深戒，简策汗青今具在。
君不见当时张说最多机，虽生已被姚崇卖。

君不见惊人废兴传天宝，中兴碑上今生草。
不知负国有奸雄，但说成功尊国老。
谁令妃子天上来，虢秦韩国皆天才。
花桑羯鼓玉方响，春风不敢生尘埃。
姓名谁复知安史，健儿猛将安眠死。
去天尺五抱瓮峰，峰头凿出开元字。
时移势去真可哀，奸人心丑深如崖。
西蜀万里尚能反，南内一闭何时开。
可怜孝德如天大，反使将军称好在。
呜呼，奴辈乃不能道辅国用事张后专，乃能念春荠长安作斤卖。

　　在李清照看来，唐玄宗五十年开元盛世的功业终究覆灭，那是因为五坊小儿、官宦贵族的奢靡放纵。"一骑红尘妃子笑"的典故固然荒唐，可杨贵妃及其兄弟姐妹所受恩宠又是从何而来？唐玄宗曾经妄想在华山上造出"开元"二字以标榜自己的功德，转而便有人为平定了安史之乱而歌功颂德，却不知煌煌青史自有公论。唐玄宗时，姚崇和张说关系不睦，为争夺宰相之位彼此排挤；唐肃宗时，张皇后与李辅国专权用事，连高力士这样的人物也被流放千里，落了个"春荠"之叹。可惜，此番种种竟不能使后人引以为戒。

　　写罢诗篇，满座皆惊。且不说李清照的言辞气魄已超张耒之上，单是对历史的见解更令许多文人士大夫汗颜。至于篇尾处的典故运用更是借古喻今，直

［宋］佚名 明皇幸蜀图

砭当朝，奇气横溢。想今日有竹堂上诸位，无不深受党争之苦，朝堂内宫的权力倾轧亦让人唏嘘。谁承想，如此有胆魄、有见地的议论，竟出自一个闺中少女，实在是惊人手笔。

当李清照的这两首诗传入坊间后，才女李清照的声名便不再拘泥于东京城的闺阁之中。率直的晁补之曾几度在人前称赞李清照的才华，夸她是"才力华赡，逼近前辈"。而许多文人士大夫读罢了李清照的诗篇，唯余意外与惊叹。

人们不禁意识到，才女李清照婉约清雅的身后，也有着与生俱来的慷慨疏宕，就像她"一城山色半城湖"的故乡，那湖水是女子的柔情细腻，青山是男儿的豪迈雄壮。人们也都坚信，这一切应当源于李家的家学渊源。毕竟，李格非可是那个被认作"笔势与淇水相颉颃"的人，是那个被后人赞誉为"自太史公之后，一人而已"的人。

然而，对于博学开明的李格非而言，他更愿意相信自己的女儿确实在诗书文章上有着过人的天赋以及不同寻常的胸襟见识。李格非对此深感欣慰，却又止不住丝丝隐忧——在这个容不得女子肆意放纵才情，甚至是指点江山的时代，女儿李清照是否能安然自在地度过一生？而今，何等门庭、何等男儿才能配得上李清照，好让她尽可能地保住这份超然自我的才华与性情？

李格非多么希望，爱女李清照的这一场东京梦华，能够可以再慢一些醒来。

JINAN 济南故事

第二章

一剪梅
——初嫁了，且说闲愁静好

雪里已知春信至

当李清照才名传遍京城,多少宦门子弟渴望一睹其芳容的时候,大宋朝的新君——宋徽宗赵佶,也开始了他当朝理政的岁月。

当日,向太后坚持立赵佶为帝时,章惇曾据理力争,而他对这个即将成为大宋皇帝的人有着一句极为严肃的讥贬:"端王轻佻,不可以君天下。"虽然章惇在党争中常常挟私报复,算不上一个清明君子,但他毕竟也是一朝宰辅,到底有些识人知人的本领。而章惇对宋徽宗的评价,可谓一针见血。

宋神宗的诸子之中,宋徽宗赵佶是活得最为逍遥自在的那一个。神宗驾崩、哲宗继位的时候,赵佶还是个三岁孩童。也许,他从一开始就没有想过自己有朝一日会成为皇帝,而散漫的天性更让他放弃了治国平天下的责任,只是想做一个与笔墨丹青为伴、以射箭蹴鞠为乐的逍遥王爷。

然而,宋哲宗的突然驾崩改变了这一切,帝王冠冕就这样落在了年仅十八岁的赵佶头上。他不知道该如何成为一个真正的君王,他所能做的,就是从满朝文武所说的那些治国策论里选取一些自己觉得可心的去施行。

在宋徽宗继位之初,因向太后主政,旧党复起,新党遭贬,两党遂开始了

[宋]赵佶 池塘秋晚图

新一轮的斗争。大约是有些朝臣看出了宋徽宗优柔的秉性,为了免遭宦海风波之恶,亦是为了能稳固大宋政局,遂将宋哲宗元祐、绍圣年间的党争之弊一一陈述,希望宋徽宗颁布朝政时能够执中而行,使新旧两党消弭私愤与偏见,协力治国。

这样的想法显然打动了宋徽宗,甚至连向太后也十分认可。元符三年(1100)六月,宋徽宗继位不过半年之时,向太后撤帘还政。宋徽宗则下诏,于次年改元建中靖国,要"本中和而立政",以求安邦定国。

正是在这样一段看似平和安宁的短暂时光里,李清照寻得了于归之所。

渔家傲

雪里已知春信至,寒梅点缀琼枝腻,香脸半开娇旖旎。当庭际,玉人浴出新妆洗。

造化可能偏有意,故教明月玲珑地,共赏金尊沉绿蚁。莫辞醉,此花不与群花比。

在一个飘雪的冬日里,小院中的梅花悄悄地绽放了,这是大地即将回春的消息。那娇艳的花朵犹如出浴后的美人,让人不由生怜。大约是天意造化也偏爱这梅花,故而今夜月色皎洁如水,洒满阶台。当此美景良辰,不如共饮一樽。须知道,此花并非群花可比,难道为她一醉也不值得吗?

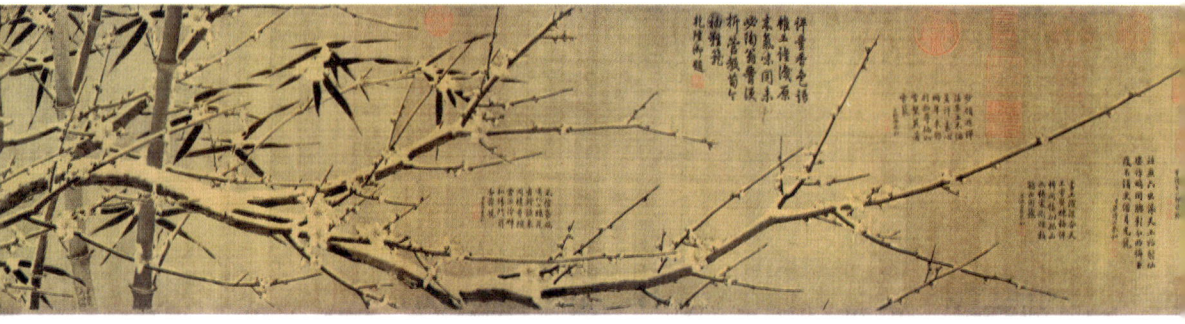

[宋]徐禹功 雪中梅竹图(局部)

若是以人花互映的文学传统去看,词中那枝初绽的雪里春梅正是闺中待嫁的李清照。花开娇妍里透着青春的美好和蠢蠢欲动的情思,但更多的仍是李清照那"此花不与群花比"的自信与清高。而她所期盼的那个可以一同月夜赏花、共饮金樽的人,也该是一个能解得此花情致的人。

这是李清照众多诗词里难得的一篇欢欣之作。所以,那一点雪里春信的感慨似乎就有了别样的寓意:或许登门求亲的人里有一个令她可意的人儿,或许是李格非已经替她定下了一桩可心的婚姻。

但是,这都是品词之人的猜想。作为一个才情超然的女子,李清照对诗词创作技法的运用可谓是游刃有余,典故的搬用、艺术的通感都只是她填词作诗中的工具而已。只不过,纵然这阕词并非李清照为待嫁而作,但词作里照见出的仍旧是她与众不同、傲然独立的心性。单此一点便足以说明,在婚嫁问题上,李清照必然不是那种任人随意挑选的女子。至于那个能够博得李家青眼的少年,也必然要有他的过人之处。

宋徽宗建中靖国元年(1101),十九岁的李清照出嫁了。她的丈夫是吏部侍郎赵挺之之子、时年二十一岁的太学生赵明诚。

时至今日,人们都愿意相信这一对璧人的结合有着极其美好的故事:当李清照的"绿肥红瘦"传遍京城的时候,许多官宦子弟、少年文士便都按捺不住了,纷纷投帖拜见李格非,只求能娶才女李清照为妻。赵明诚亦是其中一位。

那时节,赵明诚年已弱冠。作为家中季子,他的生活似乎比旁人更显得无忧无虑。父亲赵挺之仕途亨通，两个哥哥也都出仕为官，成家立业，只有他，还在太学里忙于学业。不过，赵明诚毕竟到了谈婚论嫁的年纪，赵挺之需要为他张罗一桩门当户对的婚姻，寻一个称心如意的佳偶。

一日午后，赵明诚斜倚床榻，小憩一番。他梦到了一本书，文章奇绝，实是生平未见，反复读来，满口余香。正当赵明诚心中欢喜时，却骤然梦醒，梦中所读文章都忘了大半，蒙蒙眬眬却只记得三句话："言与司合，安上已脱，芝芙草拔。"

于是，赵明诚忙将这个奇怪的梦告诉了父亲赵挺之。赵挺之望着儿子，不觉呵呵一笑，明白了此中梦兆。这三句话分明是再简单不过的字谜："言司"合成一个"词"字，"安"字脱了帽便是"女"，"芝芙"拔了"草"字头则是"之夫"，这谜底乃是"词女之夫"四字。

实际上，没有人知道，赵明诚是否真的做过这个梦，甚至连这个故事的真假都值得怀疑。大概从李赵两家结亲的那一刻起，东京城里的许多人就已经暗生疑惑：分属新旧两党的赵挺之和李格非，怎么能结成儿女亲家？与苏轼势同水火的赵挺之，又怎么会选苏轼门生李格非的女儿做儿媳？

吏部侍郎之子娶礼部员外郎之女，虽然算不得轰动东京的大事，可按照当时东京城内的婚嫁风俗，也是要备下喜帖，序上两家三代名讳，写清楚五服内亲眷的田产官职的。

若追溯李赵两家的渊源，倒也不算复杂。李格非与其父都出自魏国公韩琦门下，而当时朝中主政的正是旧党领袖、韩琦之子韩忠彦。李格非的兄长李辟非只做过防御推官、凤翔府麟游县知县一类官职。但李格非乃是苏轼门生，与黄庭坚、晁补之、张耒、秦观等旧党人士交谊匪浅，一向也被视作旧党的重要成员。更不用提他的第一位岳父，李清照嫡亲的外公王珪，乃是前朝宰辅。

至于赵挺之，他乃是密州诸城（今山东潍坊诸城）人，与李格非也可算作半个同乡。其父赵元卿曾在大名（今河北大名东北）做过官，而赵挺之自宋神宗熙宁三年（1070）得中进士、步入仕途后便坚定不移地参与到变法改革中，是不折不扣的新党。赵挺之曾是蔡确的追随者，当初，蔡确因"车盖亭诗案"

被贬新州时，许多新党都惶恐不安，甚至不惜弹劾蔡确以自保。而身为监察御史的赵挺之宁可被贬出京，也不愿上疏弹劾，此举倒也让新旧两党中的有识之士都对其有些刮目相看。唯一可叹的是，赵挺之一直对苏轼怀有私愤，与苏轼门生也多有不和。

赵挺之初入仕途时曾任德州（今山东德州）通判，当时王安石正颁布了市易法之新政，赵挺之也希望在德州推行市易法。彼时，黄庭坚恰好监察德州安德县，他认为市易法虽然可以增加朝廷税收，防止富豪巨贾垄断，但也会损耗中小商户的利益，而德州百姓多贫困，市易法于他们而言，无异于强征暴敛。

此事被苏轼知道后，在赵挺之回京参加召试馆阁之职时便讥讽他是聚敛小人，学行无取，不堪选用。由此，赵挺之对苏轼心怀怨恨，对黄庭坚等苏门子弟也是极为厌恶。故而在元祐年间出任监察御史时，赵挺之曾屡次上疏弹劾苏轼。

当初，苏轼故交吕大防被太皇太后高氏特授为尚书左仆射兼门下侍郎，宋哲宗遂命苏轼代为草拟了制书。于是，赵挺之上疏称苏轼在文中引用了《诗经·大雅·民劳》篇的"民亦劳止"之语，这是借周厉王暴政讽刺先帝宋神宗的革新之策。对此，苏轼在辩驳的奏章里毫不客气地说赵挺之用心险毒，比当初"乌台诗案"中故意陷害诽谤自己的李定、舒亶等人更无耻。

未过多久，赵挺之又弹劾苏轼，称其在召试馆职时出的策论题目竟然是问王莽、曹操攘夺天下之事，深为忠臣烈士所不齿。同时还指责苏轼为人轻薄虚诞，同市井里的俳优戏子并无区别，而苏轼门下黄庭坚等人也是轻薄无行，却因为苏轼的庇护录为馆职。

为此，苏轼呈上了两千多字的《辩试馆职策问札子》，先明说自己的策题都是经过宋哲宗亲自过目的，又称如果因为策论里提及了王莽、曹操这样的人就遭受暧昧之谤，那么从今以后天下臣子都会畏避形迹，以求苟免，而这些都不是朝廷之福。

实际上，赵挺之和苏轼的矛盾早已不是新旧两党间的政见不同，他们对彼此的厌恶、痛恨都掺杂着意气之争。而宋徽宗继位后，即便苏轼已经去世了，掌控了朝政的赵挺之依然对其门生黄庭坚实施了打压，以"幸灾谤国"的罪名罢免了黄庭坚，羁管于宜州（今广西河池宜山），致其客死异乡。

如此看来，赵挺之与苏轼可谓是水火难容。而在苏轼及其门生眼中，赵挺之就是个十足的小人。即便是同为连襟的陈师道，也对赵挺之蔑视至极。

陈师道和赵挺之都是郭概的女婿，但因为厌恶赵挺之为人，陈师道便与其断绝了往来。建中靖国元年（1101）的腊月间，陈师道要去参加朝廷的郊祀祭天。因家中贫寒没有棉衣，他的妻子只得去赵挺之家借了一件。谁知，陈师道听说棉衣是赵挺之的，便大骂妻子，将棉衣扔在一旁。最终，陈师道因为没有避寒的衣服，感染风寒引发疾病而亡。

凡此种种，只让人觉得，但凡是苏轼门生都该唾弃、鄙视赵挺之，不但朝政上要与他针锋相对，私下里更应撇清关系。可是，李格非为何要冒此大不韪，竟将独女李清照嫁给了赵挺之的儿子？想当时东京城内，必然是物议沸腾。

诚然，李清照与赵明诚成亲的那一年是大宋王朝三番四复的党争风波里最为平和的一年。至少，当宋徽宗定下建中靖国的年号时，所有陷于党争的人多多少少可以喘息片刻，不必为了朝堂斗争而心力交瘁。

然而，只有那些心底无知的小儿才会相信，新旧党争可以就此作罢。对于位卑官小的人来说，他们固然可以歇一歇，但那些已然谋得高位的人，或是曾经因为党争从高位上跌落的人，又岂肯甘心。对于这些渴望济国安邦的人来说，纵然不为一己荣辱得失，为了家国百姓，难道就不该为朝廷、为君王，选择出更好的治国策略吗？

看似风平浪静的建中靖国元年，实则暗潮涌动。每一个人都在为将来而谋划，以求风云再起时能够尽可能地保住身家性命。赵挺之和李格非大概也不例外。

此时此刻，赵挺之或许更为着急一些。虽说是两党不必再争，但眼前主政朝中的还是旧党之人。赵挺之眼前的地位固然保住了，可他仍要考虑得更长远，如能与一个旧党结成亲家，岂非便宜？而礼部员外郎李格非当是个不错的选择：李格非虽然是苏轼门生，可眼下苏东坡病居常州，垂垂老者只想着致仕归隐，于自己早无妨碍。而当朝宰辅韩忠彦与李格非旧有往来，若是有个风吹草动，想李格非多少要帮衬些。再者，李格非之女李清照乃是名满京城的才女，与幼子赵明诚年貌相当，若是能将她娶进赵家，也是一件门楣增光的喜事。

在许多人看来，四品的吏部侍郎赵挺之甘愿与六品的礼部员外郎李格非结亲，不过是这个聚敛贪财、诬陷良臣的小人的权宜之计，是他混迹官场的韬晦之法。否则，为何等他步步高升、执掌朝堂之时，却不肯相救被贬外放的李格非？李清照又何以写下"炙手可热心可寒"的诗句以作讽刺？

但是，人们似乎忘了一件事：生于齐鲁大地的李格非本是个性情豪迈之人，重情重义，就算他对党争毫无兴趣，难道他会不顾念恩师苏轼与同门黄庭坚等人的情意，只为了女儿的婚事，便以铮铮傲骨屈从于赵挺之的官高位重？

作为苏轼门生，李格非并没有太多的诗词流传于世，而他也从不刻意写词。李格非留与世人的是高雅畅达的理义文章，他在《洛阳名园记》里便敢于抨击那些在洛阳修筑名园的当朝权贵，难道在选择儿女亲家的事情上，他就风骨尽失，毫无见地？

或许，答案仍旧要从那个可以解得李清照"此花不与群花比"之寓意的少年郎赵明诚的身上去寻。

元符三年（1100），就在宋徽宗继位后不久，陈师道曾给好友黄庭坚写信，叙述了自己被罢职外放六年里的艰难困苦，更挂念着老友们安康与否。在信的末尾，陈师道提及连襟赵挺之的幼子赵明诚，夸他是个喜好文章义理的后生，少年时每每见到苏轼和黄庭坚的诗文都要抄录收藏起来。大概正是因此，赵明诚不是很得赵挺之的喜爱。

早年间，苏轼、陈师道、黄庭坚等人有一个忘年之交邢居实，他的母亲赵氏乃赵挺之的亲妹妹。彼时，邢居实的父亲邢恕和赵挺之都依附于蔡确，邢居实因此与父亲关系不睦。邢居实二十岁时一病夭亡，黄庭坚痛哭赋诗，悲叹他"眼看白璧埋黄壤，何况人间父子情"的命运。算起来，邢居实和赵明诚是姑表兄弟，而在陈师道眼里，这两个优秀的后生实在是太像了，更称赵明诚"失好于父，几如小邢矣"。

虽然陈师道极其瞧不上连襟赵挺之，但作为姨父，他对外甥赵明诚却充满了爱怜之情。这并非源自血脉亲情，恰是因为赵明诚品行端正、好学笃行，与苏轼、陈师道等长辈实属同道中人。

陈师道给黄庭坚写信之时尚在贬所，但不久之后，因韩忠彦主政，苏轼及其门生纷纷被召回京城。想那时陈师道再见外甥赵明诚，舞勺之子已然弱冠，入录太学，正是风雅少年。而以李格非、陈师道等人洒脱不羁的性格，纵然他们与赵挺之宿怨已深，也绝不会因父责子、恶其余胥。相反，他们会更加看重赵明诚守文持正的品性。至于从小便受父亲以及苏门各位叔伯尊长熏陶教导的李清照，怎能不对这个忠厚严正的少年郎青眼相加？

由此想来，那一阕《点绛唇·蹴罢秋千》里描绘的场景或许真的在李清照和赵明诚的身上发生过。作为陈师道的外甥，又是那样深爱苏黄文章、书法的赵明诚可能曾经见过李格非并前往李府拜会。而在那里，他和李清照就这样偶然相遇了。

或许，赵明诚"词女之夫"的梦就是假的。他担心自己渴望迎娶李清照的心境不能得到父母的理解，故而以此向父亲赵挺之表明心迹。这场梦，原是一个障眼法。毕竟，在那个婚姻之事须得父母之命、媒妁之言的时代，李清照和赵明诚若要结成良缘，必须由两方尊长共同议定。而在这个朝堂局势利好、儿女彼此有情的情境下，希望女儿嫁得良人的李格非和打着韬光养晦小算盘的赵挺之坐到了一起。

更何况，李格非和赵挺之的关系也并非方枘圆凿。至少，在前朝宰辅蔡确被贬岭南、病逝异乡的宋哲宗元祐七年（1092），在赵挺之不愿弹劾自己一心追随的上官而甘愿被贬的时候，在李格非为蔡确写下不平之意的挽诗的时候，这两个看似分立两营的人，终究还是有着一些共通之处。早过知命之年的他们也已明白，虽然人生的许多选择都难以摆脱感情用事、意气而为的结果，但他们终究知道自己是什么样的人，应该怎样去做。

这一切,似乎都是天意。至于李清照和赵明诚的婚姻,在当时的境况下,亦称得上是天作之合。

一剪梅

红藕香残玉簟秋。轻解罗裳,独上兰舟。云中谁寄锦书来,雁字回时,月满西楼。

花自飘零水自流。一种相思,两处闲愁。此情无计可消除,才下眉头,却上心头。

又是一个红藕凋零、玉簟生寒的秋天。有一女子独自登上了小舟,飘荡在荷塘之中。秋天的暮云里有大雁的身影飞过,可直等到月上西楼时也未曾收到那远别的人儿寄来的锦书。花儿已然落了,随水漂流。明明彼此相思,却落得两地分离,空有闲愁。这样的情思实在难以消除,即便从眉头上消散,却止不住地涌上心头。

有人把这阕词看作是闺中思妇的憔悴支离,人们都觉得,那个"独上兰舟",等待着丈夫云中锦书的女子就该是李清照。毕竟,女子出嫁之后最怕的就是空房独守。李清照词中所写的情绪,总是要源自她生活的本真。

可是,古来的闺怨词又有多少是女子所作?从温庭筠到柳永,从冯延巳到欧阳修,这些堂堂男儿、文章大家不也能在诗词中发出女子般的幽怨哀叹吗?难道李清照就不能同他们一样,因为诗情所悟而写出闺怨词作?难道只因为李

[宋]赵佶 柳鸦芦雁图

清照是女子，她就必须过着愁怨的生活，才能写出哀婉的词篇？难道那个十七岁便能慨然论史、超越前辈的李清照，就不可以为赋新词强说愁吗？后人那些妄图将她词作中的哀伤愁怨嵌入其人生经历的做法，无疑是看轻了李清照。

事实上，当人们因为李清照这些哀伤的词意而编织出赵明诚成婚不久便负笈远游的故事时，李清照与赵明诚却拥有着许多那个时代的夫妻所不曾拥有的真正的琴瑟合鸣的婚姻生活。

侯（赵明诚）年二十一，在太学作学生。赵、李族寒，素贫俭。每朔望谒告出，质衣，取半千钱，步入相国寺，市碑文果实归，相对展玩咀嚼，自谓葛天氏之民也。

——李清照《金石录后序》

成婚的那一年，二十一岁的赵明诚还在东京城的太学里读书。他的父亲赵挺之曾是国子监的司业，他的岳父李格非更担任过太学正。虽然李格非早已离开太学，可他的文章风骨一直深受各位博士的敬仰，如今众人见到赵明诚，自然要另眼相看。

虽说太学里大多是官宦子弟，可一旦入了此门，师尊学业便是最大的。即便家住东京，赵明诚也不得随意归家，只能在每月的农历初一、十五两天告假回家，探望父母妻子。

这两日，恰好也是大相国寺内开设百姓市集的日子。寺里寺外，到处都架

着彩色的帐幕,设着露天的铺位。卖草席屏风、弓箭鞍辔的,卖珠花绣品、幞头花冠的,卖时鲜蜜饯、脯腊香药的,无所不有。

但对于赵明诚而言,其最心爱的还是古玩字画的铺面。每逢此时,赵明诚都要先去当铺里,用身上的衣物换取五百钱,然后从市集上淘换些碑文石刻。当然,还要捎上一份时鲜果品。待回到家中,赵明诚与李清照便相对而坐,夫妻俩一面吃着时鲜果子,一面赏玩品鉴所购古玩,备感满足。他们的生活就如同远古时代的葛天氏之民一样,虽然布衣粗食,但却充满了自由和快乐。

这般情境对于当时的许多夫妇而言,真是一种奢望。尽管没有漫长的恋爱过程,但李清照和赵明诚却幸运地拥有了相对坚实的婚姻基础——志趣相投。

赵明诚自幼酷爱金石学,少年时便去求教学士名家,访问前代金石碑刻。十七八岁时,赵明诚已经开始收藏石碑石刻、书画古玩,纵然花费千金也毫不吝惜。那时节,他读到文忠公欧阳修编撰的、对历代金文石刻进行考定解说的《集古录》,深为敬仰。但同时,赵明诚也发现了书中的一些错漏之处,且原书并未按照朝代年月来编辑。于是,赵明诚下定决心,要编著一部更为翔实准确的《金石录》。他不但要考辨前人的纪录得失,更要亲自去搜集查证那些碑刻、拓本的资料。

然而,对于赵明诚来说,无论是早期做太学生还是后来出仕为官,他总要为学业、政务这些繁杂之事所劳形。至于金石研究诸事,幸得有李清照相扶相帮。

若说彼时的女子有诗文才华,其实并不是多么了不得的事情。东京城内但凡有些门第的人家,都会教导女子读书作文。但李清照却与众不同,尽管她也是凭借诗词佳作而名满京都,可她的学识几乎与那些读史读经、接受正统教育的男儿相差无几,甚至她的眼界要超出许多平庸之人。

当赵明诚从市井中淘换回一方前代石碑的时候,李清照非但可以与他一同赏鉴碑上的文章、书法,更能够推断石碑的朝代年月、所记史实,能够"以器物碑铭验证前史"。对于希望撰写一部《金石录》的赵明诚而言,这样一位妻子,非但是闺中良伴,更是治学益友。想二人当时生活,真个是"琴瑟在御,莫不静好"。

然而,除却世人所熟知的《如梦令·常记溪亭日暮》《渔家傲·雪里已知春信至》,还有那不知究竟是否出自其手的《点绛唇·蹴罢秋千》,李清照留给后人的欢愉诗词实在是太少了。这不得不令世人浮想联翩,认为是婚后生活的愁闷减少了才女李清照原本的快乐。

但是,伤春悲秋本就是文学创作中经典且永恒的主题,李清照擅写愁情并不意味着她的生活也是愁苦的。在古代的正统文学中,过多的欢谑总容易被归入淫辞。孔夫子曾说:"哀而不伤,乐而不淫。"而现实中的文人们虽然很少叫嚣欢闹,却常常会呼号伤痛。至于李清照诗词中的那些忧愁,自有其"别是一家"之蕴意。她的词,婉约而不流于柔靡,清秀更具逸思,即便是看似浓厚的愁情,却始终带着李清照那源自骨血中的傲气和坚毅,世称"易安体"。

玉楼春

红酥肯放琼苞碎,探着南枝开遍未。不知酝藉几多香,但见包藏无限意。
道人憔悴春窗底,闷损阑干愁不倚。要来小酌便来休,未必明朝风不起。

娇艳的红梅如润玉一般,在向南的枝头上悄悄绽放,还未开遍。不知它的蕊瓣中酝酿着多少清香,但那心头一定隐藏着无限的情意。可是那窗边的人儿却有些憔悴,满怀的愁闷教她都不愿出来倚栏而立,赏此春景。可人生为何总

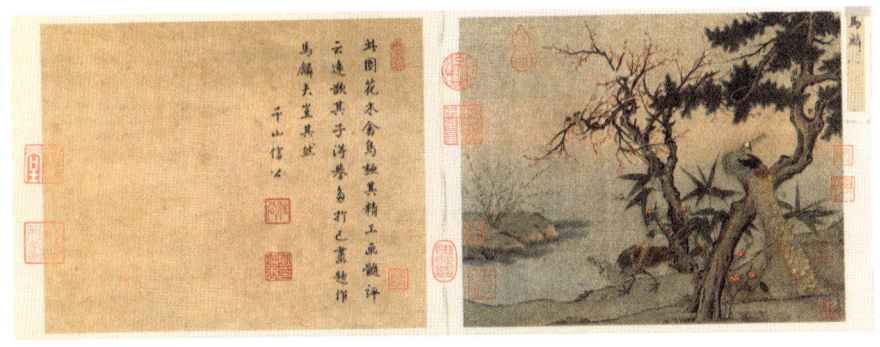

[宋] 佚名 红梅孔雀图

是要为愁烦所困呢？想饮酒赏梅的话便快些来吧，若是明日春风一起，落红满地，岂不太过可惜？

古人常说，物我浑融。当人们心中存下了一个或悲或喜的念头，而后所见之物便都带着悲喜之色。就像那些话本故事里写的一样，多情的女子必然是多愁善感、柔弱易悲的。当男性的前辈名家用闺怨诗描摹尽天下弃妇思妇的忧伤时，李清照婉约词的出现便极大地满足了世人对那些充满才情的闺中女子的幻想。所以，他们坚定地认为，李清照就是这样一个婉约哀伤的女子。

可是，正当人们感叹李清照窗底憔悴、愁损情怀的时候，李清照却出人意料地洒脱了起来：与其感慨春色，不如对花小酌，人生短暂，自当及时行乐，哪怕明日风雨如磐，也不要错过今朝。

这就是李清照，即便她知道未来的日子会遭遇风暴，也不会轻易低头。她的骨子里，从来都没有那些所谓的柔靡娇弱。

建中靖国元年（1101）的岁末，宋徽宗前往圜丘祭祀昊天的时候发布诏书，要大赦天下并且于次年改元为崇宁，意在尊崇宋神宗熙宁年间变法国策。朝堂风云，瞬息巨变，眼看着又是一轮旧党倒台、新党复起的大戏。而这场戏，在九十月间便已显露苗头。

当章惇被贬、韩忠彦拜为左相的时候，右相之职便交给了当时力推赵佶继位的同知枢密院曾布，可曾布却一直是个徘徊于新旧两党阵营的人。

曾布早年受到王安石的器重，辅助其主持实施各种新法。但是他在推行市易法的时候看到了此政策确实存在以重税剥削百姓的弊端，为此上书谏言，反对市易法。于是，曾布被新党诸人视作背叛，王安石一怒之下便罢了曾布的官，后又不断将其贬黜外放。

经此一难，曾布便被列入了旧党之列。宋哲宗元祐年间，旧党主政，曾布复官为翰林学士，又升任户部尚书。然而，曾布也并不完全认同司马光的执政理念，对旧党施行的法令多有微词。为此，他又遭到了旧党诸人的打击。

于是，曾布便在这宦海的起起伏伏间学会了一套翻手为云覆手为雨的本领，总算保住了官位。如今，曾布虽然尚是右相，但左相韩忠彦是个性格柔懦的人，朝中诸多事务仍由曾布决断。于是，曾布终于有机会将自己对朝政的想法直呈御前，他最终向宋徽宗提出了"绍述先志"之论，以继承熙宁、绍圣年间的新法。

崇宁元年（1102）五月，韩忠彦被罢相。但曾布并未因此谋得左相之位，他甚至很快就被排挤出了朝堂，而最终成为宋徽宗亲信的尚书左仆射兼门下侍郎，正是那个蛊惑昏君乃至亡国的"六贼之首"蔡京。与此同时，旧党之人再度遭受了朝堂之风刀霜剑，他们被列入"元祐党籍"，削去官职。宋徽宗甚至亲自书写了他们的姓名，凿刻成碑，立于宫苑的端礼门外。

端礼门乃是皇帝正殿文德殿的南门，是文武百官上朝时的必经之地，那一方"元祐党人碑"，分明是宋徽宗给予臣子们的无声警告。自此时起，不仅李格非与赵挺之的仕途前程有了天渊之别，李赵两族之人的遭遇，甚至连大宋王朝的命运，都被改变了。

至于李清照，这一阵骤起的风暴，会将她的人生推向何处？

甚霎儿晴，霎儿雨，霎儿风

建中靖国元年（1101）方才出阁的李清照，与丈夫赵明诚只度过了大半载的静好光阴。随着蔡京等人的掌权，新党一派打击旧党、排斥元祐诸臣的手段越发狠毒，朝中风雨如磐。

崇宁元年（1102）正月二十八日，李格非曾带着家中子侄李远、李迥、李逅等人前往孔林（今山东曲阜）拜谒至圣先师，勒石以记。彼时，李格非已升任京东路提点刑狱，官至四品。而京东路的路治青州，正是赵挺之置办田地产业的迁居之所。

赵李两家的结亲本以为是互有助益，谁承想朝堂风云变幻莫测，祸患变故来得是那样快。

五月初，宋徽宗第一次下诏籍录元祐党人名册时，苏轼、秦观、黄庭坚、晁补之、张耒等人皆在其列，但却未见李格非之名。想来，这与李格非一直处于党争边缘地带是不无关系的。作为苏轼门生，李格非与苏门诸子的交往多在文章学问上，对于新旧变法的政策并没有太多的言论看法。

然而，这并不能使李格非免于党争风波。很快，在七月间重新补录整理的元祐党人名册上，李格非赫然在列。同时补录进名册的，还有李格非的第一位岳父，李清照嫡亲的外祖父——王珪。

实际上，早在宋哲宗绍圣年间，王珪就曾因人诬告而被追夺了谥号，贬为万安军司户参军，王珪诸子官籍亦遭削夺。宋徽宗即位后，旧党复起，朝廷便归还了王珪的赠谥。如今再将王珪列入元祐党人名单，追夺所赠，不过是旧事重演罢了。

至于李格非，除了苏轼门生、王珪女婿的身份外，他自己也曾在绍圣年间因为不肯编撰《元祐诸臣章疏》而遭贬斥，这在新党眼中无异于一个把柄、一桩罪责。此次名单确定后，时任提点京东刑狱的李格非被罢免了官职，逐出了东京城。

与此同时，朝廷几番下诏，不但命皇室宗亲不得与元祐党人子孙及其五服内的亲眷通婚，即便已经订了婚约，只要尚未成亲也必须改正。至于元祐党人诸子弟，都不许留住京城，不得踏足开封府的辖地。诏书中特别嘱咐吏部，"后来续添王珪、张商英、李格非"等人，都要照此施行。

自此，由宋神宗熙宁年间发端，持续了三十多年的党争似乎终于可以盖棺定论。端礼门外的那一方石碑，宣告了那些反对宋神宗变法革新，在宋哲宗元祐年间极尽手段打击新党的人都是大宋朝的奸臣贼子。

而当自己的外祖父被夺去赠谥，父亲和舅舅们被罢官削职、逐出京城的时候，李清照的生活又该是什么模样？莫非她真的像自己词中的那些哀婉的女子一样，终日愁眉不展，怨恨重重？她，真的会就此坠入深渊？

鹧鸪天

暗淡轻黄体性柔,情疏迹远只香留。何须浅碧轻红色,自是花中第一流。

梅定妒,菊应羞,画阑开处冠中秋。骚人可煞无情思,何事当年不见收。

枝头上暗淡轻黄的桂花是那样柔和,它隐隐地散发着幽香,从无浓烈的情愫。虽然它不比那些春日里浅碧轻红的各色娇俏花朵,但其品性自当是花中第一等的。大约正是因此,初春的梅花会嫉恨,晚秋的菊花该自愧不如,唯有开在画阑旁的桂花才可称得上名冠中秋。可令人不解的是,当日屈原作《离骚》,写尽了无数高洁草木,为何偏偏不将桂花收入其中?

如果说,《渔家傲·雪里已知春信至》里的寒梅是李清照"此花不与群花比"的自喻。那么这阕《鹧鸪天》中的桂花,便是李清照对自家门庭的比拟。

诚然,李家虽是书香门第,但细究起来,无论是李清照的祖父、伯父,还是她的父亲李格非,都没有博得什么显耀的官位。然而,李氏家风从来清高,就如同中秋时节情疏迹远的桂花,不羡妖娆,不慕虚荣。在李清照的心里,父辈们的此等风骨"自是花中第一流"。

也许,李清照并非真的对桂花未能收入《离骚》而心存疑惑,她心中所想的,恐怕正是屈子的"美人香草"之叹。因为眼前的朝局世事,像极了屈子的时代。但即便面对这样的朝堂风波,李清照也没有像曾经的屈子那样行吟长啸,她的家风所教,她的品性使然,让李清照对这一切看得更为豁达通透。

父亲李格非从早年出仕起就视高官厚禄为浮云,宦海沉浮如同有竹堂前的花开花落,都是平常。而从来自信自傲的李清照也绝不会因为父辈们的一时荣辱便哀哀戚戚。她不是那等囿于深闺、柔心弱骨的女子,玉炉沉水的闺阁生活她可以安然享受,风霜凛冽的变故她也能经受得住。更何况,李清照毕竟还是尚书左丞赵挺之的儿媳。

就在李格非的名字被刻入《元祐党人碑》的时候,他的亲家翁赵挺之则因为早前依附曾布、支持绍述之论而获得了进阶之机,被拜为尚书左丞。

虽然曾布罢相后赵挺之与蔡京多有不和,但是二人对于打击元祐党人的想法却是一致的。他们甚至一同上疏宋徽宗，要求罢去宋哲宗第一任皇后孟氏元祐皇后的尊号，赐号希微元通知和妙静仙师，将其安置在被废妃嫔出家所居的瑶华宫中。

赵挺之的种种举动让人不禁怀疑，是否李格非的罢免也有他的推波助澜之功？若真是如此，李清照在赵家的境地又该如何？

曾有人认为，因朝廷颁布诏书，不许元祐党人子弟留住京城，故而李清照在婚后不久便不得不离开东京，回到故乡济南以避灾祸。

可要知道，在君为臣纲、父为子纲、夫为妻纲的封建时代，出嫁后的女子，其一切荣辱都只与夫家有关。纵然生父李格非被逐出京城，外祖家也遭受牵连，但这都不会影响到李清照作为赵明诚之妻的身份。如果说李清照会因此离开京城，那也只能是她自己不愿意面对赵家，不愿意面对丈夫。

然而，就算是一贯清高、率真洒脱的李清照，也不至于在初嫁时便如此放肆，不懂规矩，不遵仪礼。退一万步说，即便李清照真的因为父亲李格非遭贬而失欢于公婆，可她最终所依赖的仍是她的丈夫，那个一直深爱苏黄文章，深得陈师道称赞，哪怕为此失却了父亲欢心的赵明诚。

行香子

草际鸣蛩，惊落梧桐，正人间天上愁浓。云阶月地，关锁千重。纵浮槎来，浮槎去，不相逢。

星桥鹊驾，经年才见，想离情别恨难穷。牵牛织女，莫是离中。甚霎儿晴，霎儿雨，霎儿风。

草丛里是鸣叫的寒蛩，惊落了枝头上的梧桐秋叶，在这七夕之夜，天上人间都是一样愁怀正浓。遥想云月之上的天宫，也是重重关锁。纵然可以乘舟而往，可来来去去，却又如何能相逢。

皎皎银河上，鹊桥已经搭就，一年才得一次相见，想此种离愁别恨应当是无尽无穷。而今夜深人静，牛郎织女怕是也要分别，只因此时天气，一霎儿

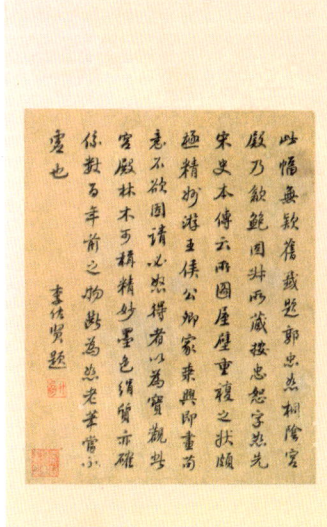

[宋]佚名 梧桐庭院图

晴,一霎儿雨,一霎儿风。

这一阕写于七夕的《行香子》从来都被当作词人真实生活的写照,词中经年才见的牛郎织女就是被迫分离的赵明诚和李清照。故而有人说,这阕词写在宋室南渡后,赵明诚独赴建康,李清照暂居池阳的那个秋天。可也有人说,这阕词就写在宋徽宗崇宁年间,当元祐党人被纷纷罢免放逐后。李清照为情势所迫,不得不一时返回故乡济南,一时回到京城夫家,直到元祐党人之禁彻底解除。

单从表面来看,这的确是一阕恨意难穷的闺怨词。前辈中人,以七夕为题作诗填词的众多,柳永"愿天上人间,占得欢娱"之欣喜,苏轼"相逢一醉是前缘,风雨散、飘然何处"之落拓,秦观"两情若是久长时,又岂在朝朝暮暮"之豁然,都是立意新巧。但却没有人在相逢苦短、离别恨长的老旧格调上翻出如此浓烈的情绪,可谓"曲折尽人意";也没有人能用那"霎儿晴,霎儿雨,霎儿风"的叹息贴切地写出朝堂上的风雨无定,若不是因此风雨,伉俪情深的李清照、赵明诚又怎能分别。

可是，就像世人从一开始就容易忽略李清照敢于挑战前辈名家的胆识一样，世人总是不由自主地将李清照的词作和她的生活强扭到一起，不断地将她的故事编织进哀伤的俗套里去。但若真的追究起来，如果李清照与赵明诚在婚后曾经有七夕分离，那也一定是因为太学里没有批准赵明诚的假期。即便父亲李格非因涉元祐党人事而被贬出京，即便与公爹赵挺之有着含糊的矛盾，李清照都不会轻易离开她的丈夫、她的家。

> 后二年，（赵明诚）出仕宦，便有饭蔬衣练，穷遐方绝域，尽天下古文奇字之志。日就月将，渐益堆积。丞相（赵挺之）居政府，亲旧或在馆阁，多有亡诗、逸史、鲁壁、汲冢所未见之书，遂尽力传写，浸觉有味，不能自已。
>
> ——李清照《金石录后序》

李清照与赵明诚成亲的两年后，也就是崇宁二年（1103），赵明诚出仕为官。而此后数年的光阴里，夫妻二人的生活一直沉浸在收集经史古籍、金石文物的惬意自得中。

尽管那时赵挺之的仕途步步高升，赵明诚也做了官，有了俸禄，生活变得越发优渥。但夫妻二人显然早已同心一德，立下了哪怕粗茶淡饭、节衣缩食，也要走遍天涯海角、荒远之地，只求尽可能收藏古文奇字的志向。

当时，因为赵挺之在朝中的地位，不少亲友在掌管着图书经籍的馆阁内任职，赵明诚和李清照见到了许多罕见的经书史料。因为这些珍稀之物不能收入家藏，夫妻二人便一一抄录下来，再做整理。这样的日子让他们感到趣味无穷，甚至陷于其中，难以自拔。

有一年，曾有人手持南唐书画名家徐熙的《牡丹图》前来拜访，卖价二十万钱。纵然此时的赵明诚已是东京城的贵门子弟，却也拿不出这么多的钱财。为了能多赏玩一刻，李清照和赵明诚只得将此人留宿了两夜，才恋恋不舍地将《牡丹图》交还给他。为此，夫妻二人还对坐叹息了好几天。

也许，对于十岁时就经历过父亲被贬的李清照来说，对于将功名利禄看作浮云的李家人来说，李格非此番被罢官离京算不得什么大事。没准远离京

李清照蜡像之志同道合

城这个是非之地反倒可以让李格非落得个逍遥自在，潜心文章。东坡先生就曾说过，"人有悲欢离合，月有阴晴圆缺"，倒不如"竹杖芒鞋轻胜马，一蓑烟雨任平生"。

　　至于李清照在东京城的生活，并没有世人所想的那般愁苦怨愤。她与赵明诚志同道合、情投意合的婚姻，足以让他们成为人人歆羡的神仙眷侣。即便是李清照与公爹赵挺之的关系，似乎也未发展到芥蒂难消的程度。否则，夫妇二人也不会凭借赵挺之的人脉去寻求更多的经书。而赵挺之和赵明诚父子，尽管他们在对待苏门诸子的态度上截然不同，可毕竟血浓于水，赵挺之从未因此懈怠过身为人父的责任。赵明诚入太学做太学生，出仕后很快就被授予鸿胪寺少卿的官职，显然都是得益于赵挺之的庇护。

　　崇宁四年（1105）三月，赵挺之拜为尚书右仆射建中书侍郎，与左相蔡京分列朝堂。赵家的门楣，似乎到了最光辉的时刻，但谁能想到，这一切都如夜幕流星，转瞬即逝。

上赵挺之

何况人间父子情

又

炙手可热心可寒

李格非的被贬没有让李清照的生活陷入无尽的哀愁伤痛,这位自强自立的齐鲁女子的身上,总是充满着一种震撼人心的力量。但是,如果宋高宗绍兴年间的文人张棁为《洛阳名园记》所作之序确凿可信,那李清照在李格非被贬曾后向公爹赵挺之求情的故事也隐约可猜了。

当李格非被正式列入元祐党人名册,被罢去官职,甚至遭到流放的时候,李清照将仅有的希望寄托在了公爹赵挺之身上。只要身在高位的赵挺之可以帮李格非说上几句好话,或者通融一些关系,那么或多或少都可以减轻李格非所受到的惩处。

可是,彼时李清照向赵挺之所呈进的言辞,竟是当年黄庭坚哭挽邢居实的诗句:何况人间父子情。

这七个字里浓缩了李清照渴望搭救父亲李格非的深情,也包含了赵挺之、赵明诚父子之间的那一丝微妙的情感矛盾。李清照并没有因为想救助父亲就放弃她李氏一门的尊严,更不会低声下气地恳求。这七个字里所蕴藏的,恰恰是她难以消磨的傲气,在期望打动赵挺之的同时,也能够让这位眷念官声的公爹警醒:这世上,最令人痛心的,莫过于为了浮名虚利而丢却了骨肉亲情。

这种方式显然起到了作用,然而李格非的灾祸也没有被免去。虽然史册未曾记载,但依据李格非的五言诗《初至象郡》所记,他在宋徽宗崇宁年间应该被贬到了岭南。

从李格非的一位同乡、藏书家董逌曾作《为李文叔书罗池碑》一文,又可知李格非至少在柳州(今广西柳州)任职过。他的被贬生涯,就如同苏轼、黄庭坚、秦观等人一样,一直羁留于瘴疠之地、蛮荒之所。

在岭南的日子里,李格非曾为瘴气所侵,感染了疟疾。可按照中原的医理医方根本救治不了，他只得求助于当地的巫师，盼着"妙药只眼前，乞汝保无恙"。

也许是李清照得知了父亲李格非所遭遇的境况，也许是她早已看透了朝堂上党争的丑恶，故而才在赵挺之成为右相之后，呈献上了那一句"炙手可热心可寒"。这辛辣的讽刺中透着深深的悲凉，李清照不仅仅是悲叹父亲李格非的遭遇，恐怕还有对公爹赵挺之乃至整个赵氏家族未来境遇的担忧。

毕竟，真正让李清照和赵明诚失去现有安稳的生活，黯然离开东京城的人，正是赵挺之。

若论赵挺之其人，倒真不是那等奸恶之徒。想当时与之同列朝堂的新党诸人，无论是他曾经依附的蔡确、章惇，还是一同共事的邢恕、曾布，乃至后来与之争权的蔡京，无一不被列入《宋史·奸臣传》中，而赵挺之却最终免于后世骂名。想来，其中定有缘故。

在新旧两党此起彼伏的漫长斗争中，不可否认的是，所有人或多或少都掺杂了私情。只不过，有些人为了发泄私愤，满足个人的权势欲望，恨不能将对方置于死地，其心中根本不在乎所谓的新法旧法究竟哪个才有益于朝廷。而有些人，则是因为坚定了一种执政理念，是为了实现朝堂理想，故此争斗不息。

赵挺之大约可以算作后一种。

得中进士的那一年，来自密州诸城（今山东潍坊诸城）的赵挺之已是而立之年。出身齐鲁之地的他，也有着与李格非相似的刚直，只是略显猖急。

赵挺之通判德州时，郡守贪污了朝廷赐给当地士卒的银钱，由此引发动乱。士卒们手持木棍，冲入府衙，所有守卫吓得四散分逃，竟无一人抵御。谁料，赵挺之却慨然坐于堂上，呼问士卒究竟为何反叛。得知情由后，赵挺之当即下令打开府库，将银钱分发给众人，但却以雷厉风行之势拿下了发起动乱之人，以儆效尤。

至于朝堂政务，赵挺之也是在数十年里都坚定着自己的观念：变法革新，富国强兵。从最初力主推行市易法，到指责同僚无端免除税收，再到弹劾湟州、鄯州官员以虚名冒领朝廷岁费，赵挺之的工作重心一直都放在财政税务之上。他也一直相信王安石的变法可以改变大宋朝积贫积弱之旧弊，努力地想要实施变法之策。苏轼嘲讽赵挺之是个聚敛小人，可赵挺之最终所聚敛到的银钱都是大宋的国库收入。如果赵挺之真的在实施变法的过程中中饱私囊，他的儿子赵明诚又何以会为了购买碑刻文玩而典当衣物？李清照又为何会在《金石录后序》中写下"赵李族寒，素贫俭"之句？

由此不难想见，赵挺之对司马光、苏轼等元祐党人的嫉恨，可能最根本的原因仍是怨恨他们对变法革新的阻挠。在赵挺之看来，只要能将元祐党人赶出朝堂，他便可以放开拳脚，实施革新，以继承荆公王安石的旧志。为此，对于元祐党人，哪怕是自己的儿女亲家李格非，赵挺之都不会有一丝心软。

只不过，赵挺之没有想到的是，赶走了元祐党人，他的治国抱负依然未能实现。那个依靠诌媚奉承而登上左相之位的人——蔡京，才是借着变法革新的幌子，以图窃弄权威、聚敛私财的真小人。

而真正关乎李清照、赵明诚身家性命的灾难，才刚刚开始降临。

莫负东篱菊蕊黄

自幼受到李格非言传身教的才女李清照，对历史从来都有着更为独到的见解。这也就意味着，她对当前朝政有着更敏锐的触觉。李清照曾用"霎儿晴，霎儿雨，霎儿风"来比喻朝廷风波险恶，给公爹赵挺之献上了一句"炙手可热心可寒"的箴言，而这一针见血的评论很快就在大宋朝堂上得到了验证。

在成为尚书右仆射兼中书侍郎后不久，赵挺之便在与蔡京的争权夺势中愈发看清了对方钳制天子、掌控朝政的种种奸恶。他几次上疏弹劾，但宋徽宗却不以为意，这位缺乏明断的皇帝对蔡京的宠信总是多过旁人。

赵挺之虽然急躁，也不是愚鲁之辈。为免遭蔡京忌惮，赵挺之只得陈情称病，于崇宁四年（1105）六月结束了仅有三个月任期的右相之职，以观文殿大学士、中太一宫使的身份留居京师。

以赵挺之几经沉浮的宦海经历，可能并不觉得此番去职是一件值得哀叹的事。他不仅可以借此机会暂避蔡京的锋芒，同时，赵挺之在宋徽宗眼里尚留有一席之地，在朝中也有足够的声望。

当日，宋徽宗同意了赵挺之的辞呈时，还特意下诏嘱咐他，愿意等他重归朝堂，重新振兴朝政。因听说赵挺之在京城还没有置办产业，宋徽宗更将府司巷的一座宅院赐给了他。而赵家的三个兄弟此时都在朝中担任职务，长子赵存诚任卫尉卿，次子赵思诚任秘书少监，而赵明诚也轻而易举地被推荐为鸿胪寺少卿。

或许那一年的秋天，倒是赵氏一家人过得相对安适的时候。听说那一年里，朝中赫赫有名的书学博士米芾曾登门拜访赵挺之，看到了他所收藏的蔡襄《进谢御赐诗卷》真迹，彼此畅谈诗文书画，好不惬意。

对于志在金石的赵明诚、李清照而言，这样的时光也是难得的安稳自如。赵明诚升了官职，李清照在家中仍以作诗填词、赏鉴金石、整理书稿为乐。如果说此时非要有什么小小的烦恼的话，大概就只有子嗣的问题。

自李清照嫁入赵府，如今已有四载光阴，可子嗣之事依旧毫无动静。不孝有三，无后为大。那寻常百姓都盼着添丁生子，壮大门户，更何况赵家这样的富贵门庭？

而今，赵家两位兄长都有了孩子，唯有赵明诚，膝下并无一儿半女。赵明诚的侄子满月时，赵挺之大办了一场洗儿宴。亲友们尽皆来贺，厅堂里摆满了各色金银犀玉的礼物。赵明诚母亲郭氏亲自"围盆"，煎了香汤盛在盆中，又放了许多果子、葱蒜；嫂嫂则用金钗搅水，谓之"搅盆"；亲友们都忙着投撒彩钱，称作"添盆"。

那一天，盆中撒了许多物件，故而有好些枣子都是直立着的。几个妇人都争相抢食那枣子，以为生男之兆。李清照虽然心中亦有所动，可到底觉得此举无聊可笑，终究未肯上前。那些妇人见着李清照也并不避讳，一时说该如何保养身子，一时又说何处烧香灵验，最后总归会安慰她一句，小夫妻尚且年轻，来日方长。

多 丽

小楼寒,夜长帘幕低垂。恨萧萧、无情风雨,夜来揉损琼肌。也不似、贵妃醉脸,也不似、孙寿愁眉。韩令偷香,徐娘傅粉,莫将比拟未新奇。细看取、屈平陶令,风韵正相宜。微风起,清芬酝藉,不减荼蘼。

渐秋阑、雪清玉瘦,向人无限依依。似愁凝、汉皋解佩,似泪洒、纨扇题诗。朗月清风,浓烟暗雨,天教憔悴度芳姿。纵爱惜、不知从此,留得几多时。人情好,何须更忆,泽畔东篱。

秋来清冷,帘幕低垂,小楼之上更觉夜长漫漫。窗外萧萧之声,乃是无情的风雨,一夜间便搓揉了篱畔如琼玉一般的白菊。此间花容,也不像唐玄宗时贵妃醉酒的婀娜,也不像汉乘氏侯梁冀之妻孙寿那愁眉的妖娆。想西晋韩寿与贾充之女夜来私会的故事,那梁元帝萧绎之妃也半面傅粉见君王的典故,到此时,都算不得什么新奇的比拟。仔细再看,仍旧是屈子的辞赋,陶潜的诗文,才真正配得上此花的风韵。微风乍起,清芬散逸,这香气也比得上春日荼蘼。

秋色已深,这雪清玉瘦的花朵是如此多情,与人依依相伴。那愁情,倒像是汉皋台下解佩赠珠的神女,又如同洒泪题扇的班婕妤。这一夜,时而朗月清风,时而浓雾凄雨,难道是天意偏教那芳姿憔悴?纵然是有心爱惜,却也不知道,究竟能留到几时。倘若情意相好,纵然花落飘零,又何必再去思念屈子的泽畔餐芳,陶潜的东篱采菊?

这一阕长调的咏菊词,恐怕是李清照极少有的刻意

[宋]佚名 丛菊图

堆砌典故的词作了。相较于"此花不与群花比"的梅花,"自是花中第一流"的桂花,似乎李清照对菊花偏爱尤甚,且每每此时,她总要追念起屈原与陶渊明。

或许,李清照将自己的一些品性寄托在了这清瘦的白菊上,故而才想出如此多的典故,写出如此繁复的词句,只为了寻找白菊那不同寻常的意蕴。

然而,偏偏是这一阕《多丽》,让人们从"似愁凝、汉皋解佩,似泪洒、纨扇题诗"的字眼里捕捉到了一些矫情的气息,觉得李清照分明是借着典故传达出夫妻情薄的悲叹。那"汉皋解佩"恐怕就是暗指赵明诚在外有了艳遇私情,而恩情中断了的李清照只好做了"纨扇题诗"的班婕妤。人们甚至猜测,夫妻失和的个中情由,大约就是因为李清照未能生养所引起的。

无论什么时代,生育的压力永远是女子背负的巨石,哪怕是才华诗情举世无双的李清照。但是,纵然李清照因为未能诞育子女而生出些难以明言的心结,纵然她与赵明诚因此遭遇了一些波折,可她又怎能像那些寻常怨妇,絮絮叨叨,自哀自怨?

年少时作诗评史就敢挑战前辈、超越前人的李清照,如果在成婚后将她的情感都寄托于闺阁之乐、夫妻之爱,那她又如何经受得起日后夫死家散的变故,又如何面对得了亡国失身的苦难?

我坚信,这阕词,与李清照的生活并无太多关联。

格律多变的《多丽》词牌,一向少有人填作,纵然写时,也避不开频繁用典、种种描摹。晁补之便填过一阕。他在韩忠彦的府上因见一位歌姬琵琶技艺了得,填词以记。词中所用"花暖间关""冰凝幽咽""昭君遗怨""浔阳司马"的字句,也都是前朝典故。

而李清照写《多丽》,不过是一如往昔地填词作乐、彰显才华罢了。若非要将那典故附会了去解读,难道"无情风雨,夜来揉损琼肌"不可看作朝廷权势的纷争倾轧?难道杨妃、孙寿、韩令、徐娘不可视作蔡京一干谗言媚上的奸臣?难道屈平、陶令不能比喻元祐党人,甚至是赵挺之这样无奈去职的臣子?

在李清照的眼里,四时花草、日月星辰,还有古往今来的人与事,都是可以写入笔下的。世人固然可以妄自猜测，但终究，不能抹杀她卓然超凡、不同俗流的才情。

怨王孙

湖上风来波浩渺，秋已暮，红稀香少。水光山色与人亲，说不尽，无穷好。

莲子已成荷叶老，清露洗，蘋花汀草。眠沙鸥鹭不回头，似也恨，人归早。

悠然的湖面上因一阵风过，顿时显得波光浩渺。暮秋时节，花叶凋零，芳香气味也稀少了。可看着眼前的水光山色又是那样亲切，真是有说不尽的美好之处。湖中的莲子已然结成，荷叶也都枯萎老去，清冷的露水打湿了蘋花汀草。沙滩里眠伏的鸥鹭不愿回头看人一眼，大概是它也害怕赏景的人归去得太早。

同样是吟咏秋天，这阕词里却透出了比春日里还令人多情的欢喜。红稀香少、荷叶已老的景色本该是凄凉的，却成了李清照眼中最亲切美好的存在。她甚至做出多情的联想，明明是自己不愿离去，却要说是那眠宿沙滩的鸥鹭舍不得自己离开。

李清照总是这样出人意料：她可以在清愁的梅树下畅然饮酒，也可以在清冷的秋风里潇洒流连。即便是真的要伤春悲秋，她也竭尽所能地将自己天性里的舒朗注入诗词当中，为之增添一份未来可期的希望。

就在这年的九月，宋徽宗大赦天下，同时允许被贬谪的元祐党人迁徙至靠近中原的地方任职，只是还不准许他们进入京城。但这对李清照来说，足以让她欢呼雀跃，忘却烦忧。

而三个月后，也就是崇宁五年（1106）的正月间，一颗彗星拖着长长的尾光划过了东京城西方的天空。这令宋徽宗大为不安，他迁居偏殿，减损膳食，以为罪己，更命群臣直言上谏，指出朝政得失。未过多久，宋徽宗便接受一些官员的谏言，毁掉了竖立宫门的《元祐党人碑》，解除一切党人之禁，恢复被贬官员的仕籍，从那以后，元祐党人再不会因此身份遭到弹纠。

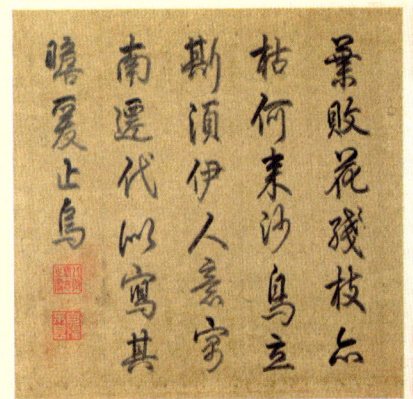

[宋] 佚名 疏荷沙鸟图

虽然李格非并没有被获准返回京城，吏部也只是给他派遣了一个监庙的虚职小官，但对于年届花甲的李格非而言，能够挈妻携子回到故乡安度晚年，可谓是幸之又幸了。

而与此同时，一心一意想着归去的，恐怕还有赵挺之。

对此时的赵家来说，虽然赵挺之已辞去右相，只挂着一两个虚职，但赵府在东京城内的地位和尊荣已达到顶峰。赵挺之如今六十有五，他深知宋徽宗优柔寡断、溺信偏听的缺陷，而在与蔡京的交锋中也早已心有余而力不足。故而，此时若能退步抽身，留一个清明官声，是再好不过的事情。况且，赵家的三个儿子都已入朝任职，只要徐徐图进，这家业门第依旧能保得住。为此，赵挺之几番上书宋徽宗，恳请放他告老，回到青州旧宅，安度余生。

最初，宋徽宗本是准允了赵挺之的请求的。可因为正月间东京城内连续出现异象，这让他那颗毫无主张的帝王心越发惶恐不安，也渐渐开始相信早前赵挺之等人对蔡京援引私党、变乱法度的弹劾是确有其事。就在赵挺之收拾了行囊，准备离开东京前往青州的时候，宋徽宗的一纸诏书传至赵府：蔡京被罢，赵挺之特进，任尚书右仆射兼中书侍郎。

祸兮福所倚，福兮祸所伏。第二次出任右相，并没有给赵挺之带来任何荣耀和满足。相反，在他以右相身份执政朝中的时候，宋徽宗既没有提拔旁人为左相,也没有进一步升迁赵挺之的意思,仿佛赵挺之的此番复任只是一个过渡而已。至于蔡京,尽管被罢去了左相,却依然保有开府仪同三司的头衔,好像只要他随随便便地一转身,就可以重新回到朝堂,拿回他左相的位置,而那时,赵挺之将会彻彻底底成为一枚弃子。

这种隐忧渐渐成了赵挺之内心深处的恐惧,或许直到这一刻,他才真正体会到儿媳李清照那一句"炙手可热心可寒"的深意。可到如今,赵挺之又怎能轻易归去,回到故里?

说起故乡,赵挺之和李格非虽不是出自同一个州府,但到底都是山东人氏。他们还有一个共同的故交,即是藏书家董逌。宋哲宗绍圣年间,赵挺之曾邀请董逌一同赏玩国朝初年时的画家名手李成所绘的《丘营图》,那画中描摹的山水正是二人的故乡青州。董逌为此感慨万分,认为自己离乡背井近十载,终于再一次看到了家乡风物,遂为此画题跋以作留念。

而今,光阴匆匆,又是十载,赵挺之怕的是再也不能回到故乡了。

鹧鸪天

寒日萧萧上锁窗,梧桐应恨夜来霜。酒阑更喜团茶苦,梦断偏宜瑞脑香。

秋已尽,日犹长,仲宣怀远更凄凉。不如随分尊前醉,莫负东篱菊蕊黄。

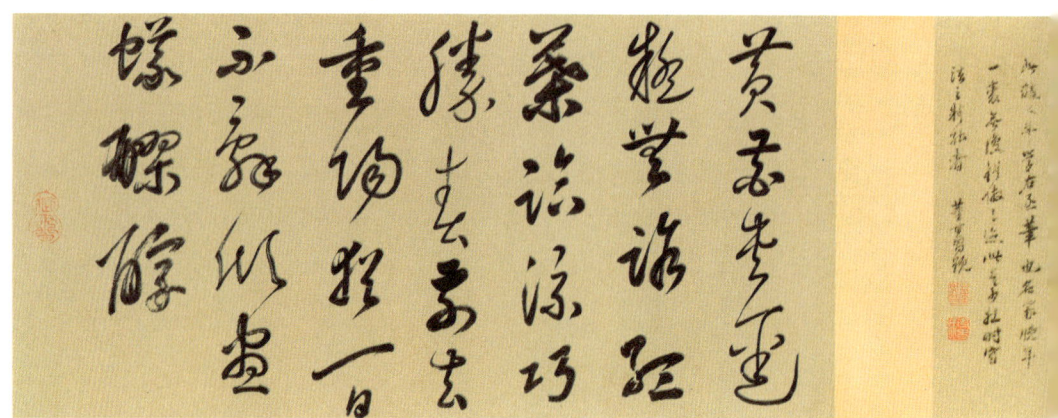

寒风萧萧，吹上了镂刻着连锁纹饰的窗棂，窗外的梧桐树想必要痛恨夜间的冷霜了。此刻，酒意阑珊之余反倒喜欢起团茶的清苦味道，从浑浑噩噩的梦中醒来，正该嗅一嗅沁人心脾的瑞脑香。又是一个深秋将尽的日子，可为何午后的时光却显得如此漫长？想东汉时王粲《登楼赋》所抒发的怀乡情，我更加觉得凄凉。不如学学陶渊明，沉醉酒中以摆脱忧愁，不要辜负东篱盛开的菊花。

人生在世，总要经历喜怒哀乐，但似乎只有哀愁痛苦能够激起人们心底里更多的情绪共鸣。这或许是因为高兴欢喜的事情大多相似，而苦难悲伤的源头却各不相同。

然而，即便意识到苦难的根源，也没有人敢叫嚣说，自己可以克服苦难。真正的苦难是无法被克服的，就像那朝堂上的生死沉浮，就像这个王朝的家国命运，全然由不得个人做主。所以，想要无惧于苦难，就只能似李清照词意中所说的这般——超越。

当秋日的萧瑟、团茶的苦涩，以及远离故乡的愁闷被李清照用杯中酒、篱畔菊悄然化解的时候，想未来纵使有更多的艰难困苦，她都不会惧怕。

宋徽宗大观元年（1107）正月，赵挺之再任右相后的第九个月，蔡京在其党羽的帮衬游说下，果然复为左相。也许是彻底的心灰意冷，也许是真的病入

［宋］赵令穰 陶潜赏菊图

膏肓，赵挺之随即上书宋徽宗恳请告老，而宋徽宗也十分爽快地答应了。

三月初十，赵挺之罢相位，赐观文殿大学士、佑神观使官衔，他终于可以老归故里了。然而，就在去职的第六天，赵挺之溘然长逝。赵家一切荣耀的覆灭，也随之而来。

赵挺之去世后，宋徽宗曾亲临赵府祭奠。彼时，赵挺之的妻子郭氏哭拜请恩，希望宋徽宗能赐予赵挺之"文正""忠献"一类的谥号。宋徽宗避而不答，待最终传下旨意时，却将赵挺之的谥号定为"清宪"，赠司徒一职。

谥号，是君王对臣子一生作为的最后评价。且不说前代，单是从宋神宗时起的历任宰辅，韩琦谥号"忠献"，王安石谥号为"文"，司马光谥号"文正"，吕公著谥号"正献"，韩忠彦谥号"文定"，甚至连曾入元祐党人籍的文彦博也被宋徽宗追谥"忠烈"，最终被列为奸臣的蔡确亦有谥号"忠怀"。

而今，宋徽宗赐予赵挺之的谥号，显然已表明其态度，他果然从来没有将赵挺之视作自己真正的宰辅。最让人恼恨的是，即便是"清宪"的谥号，赵挺之最终也没能保住。

赵挺之去世后不久，蔡京及其党羽便开始四处罗织他的罪名。当初，赵挺之决意将家宅产业从老家密州诸城迁往青州之时，恰好蔡京有党羽是当地的监察官。他们认为赵挺之与其子侄常与富人结交，应有贪弊之嫌。为此，蔡京命人一面审讯留居青州的赵氏族人，一面又命开封府捉拿赵挺之在京城内的所有亲眷，下狱彻查。

那应该是赵家最为惨淡的一段日子。想当时，被责拿下狱的赵氏亲眷中必有赵挺之的三个儿子，时任集贤殿修撰的赵存诚、秘书少监赵思诚、鸿胪寺少卿赵明诚。而赵挺之的夫人郭氏，不但要操劳赵挺之停柩诸事，更要为搭救赵家满门而奔走。

至于李清照，她倒像是把这一段日子给忘却了。纵然将李清照的诗词文章乃至记述了其大半生际遇的《金石录后序》揣测遍尽，似乎也找寻不到她关于那一段时光的记忆。

好事近

风定落花深，帘外拥红堆雪。长记海棠开后，正伤春时节。
酒阑歌罢玉尊空，青缸暗明灭。魂梦不堪幽怨，更一声啼鴂。

风停了，院子里已是落花满径。看珠帘之外，桃李娇妍，拥红堆雪。可为什么脑海里常常回忆起的却是当初海棠花开的日子，都是伤春情绪。酒意阑珊，歌舞已停，空留玉樽在前。青灯火光明灭闪烁，梦中这愁怨实在让人不堪忍受，更何况那一声声鹈鴂鸣叫，呼唤着不如归。

一旦李清照的词作里少了她惯有的豁达乐观，那强烈的哀婉之感便扑面而来。她也无须用往昔闺怨诗词中的含蓄隐喻来表达感情，只需要直率坦然地承认心中的幽怨，便可以动人心旌。

作为赵明诚的妻子、赵家的媳妇，此时才当是李清照二十余载的生命里真正遭遇的第一个苦难。

公爹赵挺之骤然离世，一生的经营换来的不仅仅是朝堂失意，更是身后屈辱。丈夫赵明诚和他的两位兄长都被关进了监牢，不知何日才能洗清冤屈，拨云见日。最可怕的是，李清照自身的存在反而极有可能成为赵家被蔡京所利用的一个把柄。

在赵明诚兄弟三人被关押审问的数月里，蔡京党羽所查得的结果与他们构想的完全相反：赵挺之的家中用度皆是依靠俸禄，如今只留下了"至微"的剩余，没有任何贪弊嫌疑。为此，当这一份案卷被呈进后，中书省和门下省的台谏官员们只能"另辟蹊径"，声称赵挺之早年的官职升迁得到了元祐老臣、故相刘挚的引荐，故而他在清查元祐党人的时候曾经包庇过这些奸佞之徒。这，才是赵挺之最大的罪名。

这就是彼时的大宋朝廷，这就是"霎儿晴，霎儿雨，霎儿风"的朝廷斗争。想当初，世人纷纷怀疑赵挺之为了谋得高官厚禄而对元祐党人痛下杀手，甚至连亲家公李格非都未曾能得到他的庇佑，被流放岭南。而今，众人的口风一转，赵挺之竟也和元祐党人同流合污：他的儿子赵明诚原是苏轼、黄庭坚的拥护者，他的儿媳李清照乃是李格非的女儿、王珪的外孙女。力主革新的赵挺之，反而成了阻碍绍述的奸臣。想此间种种，定教赵家人欲哭无泪，欲悲无声。

洁己奉法曰"清"，赏善罚奸曰"宪"。蔡京诬陷赵挺之的罪名，实则就是要剥夺他身故之后仅存的荣耀。

从三月中旬赵挺之去世至七月间案件审结，赵家从东京城里的显贵门庭直沦为罪官之家。宋徽宗下诏追夺了赵挺之司徒赠官，仍落职为观文阁大学士。而赵明诚兄弟三人，在结束了牢狱之灾后也被免去官职，准许扶棺归葬，按制守丧。

大观元年（1107）的寒冬，东京城府司巷的故赵丞相府的大门重重地合上了。门前停着长长的车队，前面的车轿里坐着赵家的内眷，后面则是乌压压一连串的箱笼物件。去岁赵挺之打算告老隐退时便已经将许多旧物送回了青州，不想如今，遗孀、子媳们竟几乎将这营建不过岁余的京城宅邸搬空，似有终生不愿踏足之意。

当然，旁人怎样想究竟是旁人的事。若问李清照，她的心早已飞向八百里外的青州城。那里，是山明水秀的齐鲁大地；那里，临近着李清照魂牵梦绕的故乡；那里，有等待着她和赵明诚一同归去的归来堂。

JINAN 济南故事

第三章

小重山
——归来堂，十年清梦逍遥

归来也,着意过今春

从繁花似锦却也风雨无情的东京城回到了故乡山东,李清照的心终于可以安定下来。

因是居丧,赵家之人无不粗衣素服、清茶淡饭以度日,甚至连亲戚间的往来交游都能免则免了。赵明诚与李清照夫妻二人更是深居简出,终日埋头于诗书文章、金石学问中,再无其他烦恼。

《尚书·禹贡》云:"海岱惟青州。"西望泰山、东眺渤海的青州城是如此的静谧。虽然这里的泉脉不及故乡章丘多,但到底充满着山水田园之趣。

南阳河边的醴泉井泉清冽,池旁有当年青州百姓为范文正公所立的祠堂,那城西门外更有欧阳文忠公怀念范文正公的题诗刻碑。还有城东南的魁星楼,

[宋] 佚名 田畯醉归图

两位前辈都曾登临赋诗,是个"偷得青州一岁闲"的好去处。只是,李清照身为女子不便出门,况且又在服丧之期,只能留待日后,再寻机缘。

大观二年(1108)的阳春三月,李格非托人传来家书一封。道是上巳节后曾同齐州(今山东济南)知州梁彦深等人游览历下佛慧山,更在甘露泉秋棠池旁的石壁上题了字。自从赋闲归乡,李格非便时常行走于齐州历下,探访山水,有心著成一部《历下水记》,方不负这归来时光,他亦盼着女儿屏居青州乡里的生活能够如愿称心。

同是这一年,晁补之也归居于巨野缗城(今山东菏泽巨野)的故里,还营建了一座小园。那园中的舒啸亭、临赋亭、遐观台、寄傲庵等堂轩之名,皆取自晋陶渊明《归去来兮辞》,而这小园便也唤作归去来园。

闻知此事,李清照竟兴致盎然起来,不觉回忆起当年有竹堂上向众位叔伯讨教诗词文章的日子,更惦念起晁补之那畅快豪迈的行止做派。于是,李清照便也同赵明诚商量了,将二人书房题作归来堂,以铭心志。

夜来秉烛,夫妇二人再读《归去来兮辞》。李清照以为,自东坡先生起,

与父亲交好的这些叔伯老友们无不是风骨傲然,故而一个个都是"倚南窗以寄傲"的君子。至于自己,身为女子,纵然心怀天地,却也难免被闺阁所困。这些年经历了荣辱,如今总算在这小小的归来堂上寻得了安易,倒不如就以"审容膝之易安"自勉,号为易安居士吧。

小重山

春到长门春草青。江梅些子破,未开匀。碧云笼碾玉成尘。留晓梦,惊破一瓯春。

花影压重门。疏帘铺淡月,好黄昏。二年三度负东君。归来也,着意过今春。

春天已经来到门前,春草也早就泛青,倒是枝上梅花才刚刚破蕊,尚未均匀开遍。取出碧云团茶,一点点碾成玉屑般的碎末。本想着留住早间的痴梦,谁知,却被这茶盏中春天的味道惊得气畅神清。一层层的花影遮掩住了一重重的门庭,疏帘之外透进淡淡的月影,真是黄昏夜色的好风景。这些年,三番两次地辜负了春神。如今,人已归来,正该用心地去感悟一回春意。

自李格非被列入元祐党人籍,遭贬流放;再到赵挺之官场争斗,两起两落。这些年里,尽管李清照总能用她乐天豪爽的本性去抚平心头的烦忧,但见到春光时难免会觉得暗淡,遇着秋色更易徒生悲凉。

而今,父亲归家颐养天年,膝下还有弟弟李迒相伴,想必安适。公爹虽然

[宋]惠崇 溪山春晓图

殁了，但赵家也从此远离朝堂纷争，一时安心。尤其是李清照和赵明诚，他们对京城的奢靡生活并无留恋，何不趁此归来，尽情享受一下这久别重逢的、可以任性任情的春天。

余性偶强记，每饭罢，坐归来堂烹茶，指堆积书史，言某事在某书、某卷、第几页、第几行，以中否角胜负，为饮茶先后。中即举杯大笑，至茶倾覆怀中，反不得饮而起。甘心老是乡矣。

——李清照《金石录后序》

由春而夏，由夏而秋。在青州的日子过得似乎很快，又似乎很漫长。每日饭后，李清照便与赵明诚闲坐于归来堂上。李清照因命丫鬟碾茶、烹茶，向着赵明诚莞尔而笑，夫妻二人便灵犀相通。

赵明诚因指着堆积的书册，随口报一典故。李清照略一沉吟，继而粲然，随即道出此典故出于书册中哪一本、哪一卷、哪一页、哪一行。赵明诚一面听着，一面赶忙翻出书册，一一核对，发现李清照所言竟无一点差错。那边，烹茶的丫鬟早斟好了一盏茶，笑着交与赵明诚。赵明诚无奈一叹，只得恭恭敬敬地为李清照捧盏，请她先饮。

于是，夫妻二人你来我往，赢者品茶，输者捧盏。只是李清照天生记性好，赵明诚每一问，她皆能答中；而李清照设问时，赵明诚往往答错。如此战过数个回合，烹茶的丫鬟终于按捺不住，因问为何总是夫人在饮茶，相公在捧

盏？此语一出，夫妇二人不觉四目相对，李清照转而举杯大笑，竟将茶盏打翻，泼了个满怀茶汤。

普天之下，恐怕再难有第二个女子可以似李清照这般博学强记，竟能想出这样的赌书游戏，与做过太学生的丈夫一较高下。普天之下，恐怕也难再有第二个男子可以像赵明诚这等豁达随和，哪怕总是落于下风，为妻捧盏，却也乐在其中。想此种闺房之乐，真的是千古少有。

自古以来，有才的女子其实并不少有。只是她们之中，极少有人能留下姓名。唐朝时的鱼玄机和薛涛不过是出身于平康巷内的歌妓，至于那正经门户家的千金，纵有才名，最终也只能留下某夫人、某人妻的一个称呼而已。

而在当时，易安居士李清照之名却是知者甚多。时人每每说起宋哲宗元祐、绍圣年间之事，每每论及东坡先生苏轼及其门生的诗词文章，甚至在感慨赵挺之与蔡京之争时，最后总不忘添上几句与李清照有关的话，或是赞她才学过人，超于男子；或是恼她不蹈于闺训，行有僭越。

李清照心里明白，相较于伊川先生程颐之母、上谷郡君夫人侯氏、文肃公曾布之妻、鲁国夫人魏氏，自己真的是万分幸运的那一个：少年时，她的父亲李格非不仅没有拘束她的天性，更对她悉心教导，点拨诗书。她所熟识的诸如晁补之、张耒等众位前辈叔伯也从未打压她的天赋，非但鼓励她创作诗文，甚至在士大夫面前替她扬名。待出嫁后，且不说丈夫赵明诚，便是公爹赵挺之、婆母郭氏以及赵家兄嫂，都未曾对李清照耽于诗词而有所指摘。

李清照也曾听说，侯氏太夫人生前亦有诗作三十余篇，可惜最终都被她自己一把火烧尽。即便身为女子，太夫人也坚定地认为女子文章笔札传于外人阅览不是光彩之事。

然而，从懵懂少女到如今早过了花信之年，李清照只觉得心底里的那个念头越发强烈：为什么女子的诗文词作就不可以传于外人看？是不是有一天，我李清照的诗文词作也会被某个冬烘先生一把火烧了，只因为他们认为女子不配谈诗论文？所作诗文也不该被世人所知？每一次和丈夫赵明诚赌书泼茶的时候，李清照总是能获得极大的满足。她自然要感谢丈夫的理解和支持,但同时,李清照心底里很清楚,她不是在和赵明诚较劲,她是在和天下的男子较真!

渔家傲

天接云涛连晓雾,星河欲转千帆舞。仿佛梦魂归帝所。闻天语,殷勤问我归何处。

我报路长嗟日暮,学诗谩有惊人句。九万里风鹏正举。风休住,蓬舟吹取三山去。

漫天的云涛连接着晨间的轻雾,灿烂的银河渐渐淡去光明,就要消失在夜空中,转化成那千帆云朵逐浪飘舞。当此之时,仿佛我的梦魂回到天宫,好似听见天帝的话语,情意诚恳地问我究竟要归于何处。

我便向天帝剖诉了真心,学问之道漫长而修远,仿佛时间已不够用,这些年来,写诗填词空有一些惊人的妙句。九万里长空之上,大鹏鸟正展翅冲天。我只盼望这风不要停下,请载着我直到那蓬莱仙山而去。

归隐青州的日子给予了李清照更多的创作自由,而多年来的读书求知为李

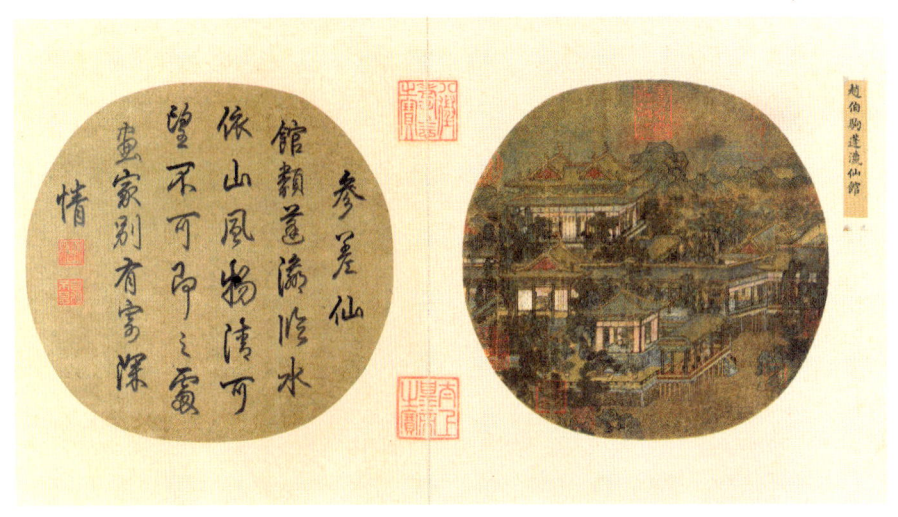

[宋]赵伯驹 蓬莱仙馆图

清照奠定了深厚的文学基础，至于早前那些或幸福、或坎坷的生平遭际，更让李清照的诗词文章之蕴藉极为丰富。她可以作"柳眼眉腮，已觉春心动"的娇媚，也可以作"载不动、许多愁"的哀怨，更可以作"九万里风鹏正举"的慷慨激昂。

四百多年前，独坐宣城敬亭山的诗仙李白也曾"仿佛接天语"，而成都府锦江边观大潮的诗圣杜甫则要"语不惊人死不休"。而今，李清照则在一个云雾朦胧的清晨，在一个看似梦魂迷茫的时刻，打着与天帝对话的幌子扪心自问：一个女子学诗填词究竟是为了什么？

很快，她坚定地给出了答案。她要做那"水击三千里，抟扶摇而上者九万里"的大鹏鸟，她要追寻所有诗文大家同样追寻过的理想。

这是李清照的心之所向，尽管路漫漫而修远，可九死不改的心性，注定了千百年后，她终会成为天下人眼中的"千古第一才女"。

宋徽宗政和三年（1113），曾经的东京才女李清照年满三十了。在当时的人们看来，女人到了这般年纪，便已是徐娘半老了。不过，在李清照的心里，年华的逝去、容颜的消退似乎还不值得她关注，她更在意的，仍旧是自己的诗词文章。

也许就是在李清照三十岁生日的宴席上，她和几位亲友欢聚在归来堂。一如往日，待宴饮过后，丫鬟们撤去酒菜，摆上了笔墨纸砚，一场诗赋雅集便开始了。

李清照做了几个阄儿，一纸一字，以此限韵。众人各自拈了，李清照所得的乃是一个"知"字。她不由得心坎一动，那诗句仿佛久别重逢的老友，自然而然地涌上了心头。

分得知字韵

学语三十年，缄口不求知。
谁遣好奇士，相逢说项斯。

识字学文已然三十年了，虽然作诗填词有些佳作，可我自己却一直缄口不语，不求为外人所知。可是，我仍旧希望能遇到一个喜欢奇才的名士，就像当年项斯遇见杨敬之那般，终究得到认可和赏识。

项斯是晚唐时台州府乐安（今浙江仙居）人，他早年时结庐山前，读书吟诗，颇有文采，但因赴考落第，一直默默无闻。直到唐武宗会昌三年（843）时，项斯因听说国子祭酒杨敬之颇能识人，且乐于提携后辈，便携诗前往拜谒。杨敬之阅后，果然大加赞赏，称道："平生不解藏人善，到处逢人说项斯。"因为杨敬之的举荐，项斯声名鹊起，诗达长安，次年便擢进士第，得中功名。

如果说，《渔家傲·天接云涛连晓雾》里"九万里风鹏正举"的豪言还只是李清照对自我理想的叩问，那么到此时，她已然是在公开表达自己对诗学才名的追求。

在这样一场诗文雅集的聚会上，在众人面前，李清照以退为进，先是谦虚地表达自己并不希望诗篇词作为人所知。因为她知道，在时人眼里，女子的文字一旦流传在外，是注定要惹人非议的。可紧接着，李清照便笔锋一转，她并不认为这样的世俗规矩是正确的，在她看来，只有真正能够赏识人才的智者，才会领略她的文采。她也期盼着，未来有这样一个人，能够为自己女性文人的身份正名。

诚然，从李清照少年读书填词、名满京城时起，她的身边就一直有几位开明豁达的伯乐。且不说父亲李格非不因她是个女子便扼杀其天赋，也不说丈夫赵明诚对她喜好炫耀才华的理解和支持，便是晁补之、张耒这些前辈，在面对晚辈李清照的诗词作品时，也从未因她是女子而有所指摘。尤其是晁补之，他在很长一段时间里就是李清照的伯乐，总是愿意在士大夫们面前称赞李清照的才华，为她扬名。

只不过，这些似乎还不是李清照最终想要的。若论才学，李清照早已名声在外，她反反复复表达的渴望，心心念念的那个理想，似乎还另有所指。

独江南李氏君臣尚文雅，故有"小楼吹彻玉笙寒""吹皱一池春水"之词。语虽甚奇，所谓"亡国之音哀以思"也。

始有柳屯田永者，变旧声作新声，出《乐章集》，大得声称于世；虽协音律，而词语尘下。

又有张子野、宋子京兄弟，沈唐、元绛、晁次膺辈继出，虽时时有妙语，而破碎何足名家！

至晏元献、欧阳永叔、苏子瞻，学际天人，作为小歌词，直如酌蠡水于大海，然皆句读不葺之诗尔，又往往不协音律。

王介甫、曾子固，文章似西汉，若作一小歌词，则人必绝倒，不可读也。乃知词别是一家，知之者少。

后晏叔原、贺方回、秦少游、黄鲁直出，始能知之。又晏苦无铺叙。贺苦少重典。秦即专主情致，而少故实。譬如贫家美女，虽极妍丽丰逸，而终乏富贵态。黄即尚故实而多疵病，譬如良玉有瑕，价自减半矣。

——李清照《词论》

宋徽宗政和四年（1114），六十一岁的张耒辞世。二十多年前，幼女李清照在东京城有竹堂内所见到的前辈尊长们都离去了。那时节，世人仿佛都觉得，大宋王朝最辉煌、最鼎盛的诗文时代就此落幕。却没想到，悄坐于青州归来堂中的李清照，却将五代以来诸位名家的填词之技，统统点评了一番。

李清照认为，五代时期，南唐中主李璟、后主李煜以及冯延巳等君臣还算崇尚诗词风雅，故而能写出《浣溪沙》之"小楼吹彻玉笙寒"、《谒金门》之"吹皱一池春水"的句子。只是他们言语虽然新奇，却有着浓厚的亡国哀音，便也算不得词中上品。

大宋朝初，柳永开创出词作的一代新风，有一部《乐章集》传世，成为人人尊崇的填词大家。可是，柳永的词虽然极其合于音律，可言语俚俗，格调不雅。

此后，又有张先、宋祁、宋庠以及沈唐、元绛、晁次等人有了些名气。他们固然有几句妙句传世,也只是只言片语,没有真正的名篇好词,故而也不算真正的名家。

待到晏殊、欧阳修、苏轼这些人物,都可谓是学问大家。所以填词于他们不过是小技,就好比拿着葫芦瓢舀取大海之水。但是,他们的词作往往更像是断句不齐整的诗,而且也大多不合于音律。

王安石、曾巩二位,所写文章颇有西汉时醇厚典重之风,可如果去填词,写出来的必定能笑倒众人,难以赏读。由此可知,填词是文学创作的另一种形态,可惜知道其创作之道的人太少了。

直到晏几道、贺铸、秦观、黄庭坚这些前辈开始填词,才终于有了些词的真味。但是,晏几道的词不注重铺叙,贺铸的词很少用典故。秦观的词太专注于柔情,少了风骨。这就像一个贫寒人家的美丽女子,纵然打扮得极为艳丽动人,可终究缺少那富贵气质。至于黄庭坚,词中风骨倒是很足,偏偏有一些小毛病,如同一块美玉,因为有了瑕疵斑点,那价值便也要减半了。

若说少年时通过《如梦令·昨夜雨疏风骤》《浯溪中兴颂诗和张文潜二首》一类诗词向前人挑战时,李清照只是因为保有一份初生牛犊不怕虎的胆气,那么,而今这篇滔滔《词论》便是李清照试图占取文坛话语权的志气。

在李清照之前,苏轼、李之仪等诸多前辈也都有一些关于填词创作的零散评论,而相对完整的评论则是晁补之写于宋哲宗元祐年间的《评本朝乐章》。只是,晁补之评价柳永、欧阳修、苏轼乃至晏殊等人多是褒扬之词。恐怕他也想不到,十多年后,那个"才力华赡,逼近前辈"的李家小侄女,已然敢于挑剔诸位先生们的词作了。

李清照想要告诉世人的是,她所填写的那些绝妙好词,并非简简单单地效仿前人,她对填词乃至文学创作之道有着自己的理论和见解。李清照尤其不想同这些男性前辈们一样,一面填着"专注情致"的闺怨词,一面却努力拔高词的地位,想让它变得和诗一样庄重。

在李清照的文学理论中,词,是独立的文学体裁。她毫不避讳地表示,源于古乐府的词就如同《诗经》时代的郑卫之声,属于靡靡之音。虽然盛唐以来的词作大多显得淫荡卑俗,但一些颇为文雅的篇章终究在漫漫历史中流传了下来,可见其自有独特的文学魅力。所以,填词不同于作诗,更不同于做学问、写文章,世人填词是不必去攀附雅庄的追求的,不若大大方方地保留词的婉约柔靡。

这"别是一家"的词论,是李清照想要表明自己原也是个"别是一家"的文人。而这一段路,李清照看似走得很轻松,实则是步步惊心。

当李清照特意指出,秦观之词仿佛刻意打扮的贫寒女子,实则缺少富贵之气时,她真正想表达的,正是对男子作闺怨词的揶揄。

当时之人看李清照的词,其评价的标准实际上都来源于前辈男性们所定下的闺怨词的创作规范,人们的评论总是脱不开"妇人所难到"一类的词句。但实际上,李清照强调词本该"别是一家",填词须得保留其婉约情致时,她想证明的,恰恰是自己作为女子所填出的闺怨词,本就比男子们揣测着女子心思所填成的词篇更为自然真切,这是属于她的天然优势。

在《词论》的开篇,李清照写了一个极有趣的故事。

乐府声诗并著,最盛于唐。开元、天宝间,有李八郎者,能歌擅天下。时新及第进士开宴曲江,榜中一名士,先召李,使易服隐姓名,衣冠故敝,精神

[宋] 佚名 歌乐图

惨沮，与同之宴所。曰："表弟愿与坐末。"众皆不顾。既酒行乐作，歌者进，时曹元谦、念奴为冠，歌罢，众皆咨嗟称赏。名士忽指李曰："请表弟歌。"众皆哂，或有怒者。及转喉发声，歌一曲，众皆泣下。罗拜曰：此李八郎也。

——李清照《词论》

  那是大唐开元、天宝年间，有一位名叫李八郎的歌者，其歌声天下称绝。一次科考后，那些金榜题名的进士们在曲江举办宴席。李八郎穿着旧衣旧帽，跟着一位名士来到席上，一副神情沮丧的样子。那位名士谎称此人是自己的表弟，只需坐在末席。故而满堂之人都毫不在意，各自饮酒赋诗。

  众人酒兴正盛时，又召来两位颇有名气的歌姬曹元谦、念奴唱曲。一时唱罢，众人无不称赞嘉赏。那位名士趁机提出让自己的表弟也唱上一曲。谁承想，话音刚落，笑声四起，更有人极为恼火，以为那表弟即便是寒酸儒生，也不该自贱身份，行俳优之事。

  然而，待李八郎舒展歌喉，唱罢一曲，众人已然闻歌而泣。到此刻，终于有人意识到，此人正是闻名天下的李八郎。

  李清照就是故事里的李八郎。她的词作传遍天下，人人都道她是个才女。

然而，她依然不能光明正大地站到世人眼前去。在众多男性前辈的文学世界里，李清照就像李八郎一样，只能小心翼翼地甘居末席。

在那些冠冕君子面前，李清照甚至不敢轻易展示自己的才华，生怕被人嘲笑才藻岂是女子可以卖弄的。但是，她最终还是发出了自己的声音。她抓住了机遇，得到了一些有识之士的点拨，只要放声一歌，足可令所有人震惊。

晓 梦

晓梦随疏钟，飘然跻云霞。
因缘安期生，邂逅萼绿华。
秋风正无赖，吹尽玉井花。
共看藕如船，同食枣如瓜。
翩翩坐上客，意妙语亦佳。
嘲辞斗诡辩，活火分新茶。
虽非助帝功，其乐莫可涯。
人生能如此，何必归故家。
起来敛衣坐，掩耳厌喧哗。
心知不可见，念念犹咨嗟。

当疏朗的晨钟将李清照带入梦幻，她飘然地登上了云霞之端。在那里，她遇上了《列仙传》里赫赫有名的仙人安期生，又意外邂逅了仙女萼绿华。秋风太过无情，吹尽了太华峰头的玉井莲花。李清照和仙人们一同观赏小船那般大的莲藕，吃着和西瓜一样大的枣子。在座嘉宾都是风流潇洒，彼此言谈，真是意气益然，妙语不断，于戏谑中辩论着那些怪谈，炉火正旺，可以趁此分茶游戏。这一场宴席欢聚，并非为了辅佐天帝去完成什么功业，其中的欢乐却觉得无边无涯。如果一生可以就此度过，又何必要回到旧家。然而，这一场梦终究是醒了，敛衣而坐时，不觉捂住了耳朵好驱散眼前的喧哗。原来那梦境中的一切果然是难以实现的，只能空余惋惜嗟叹。

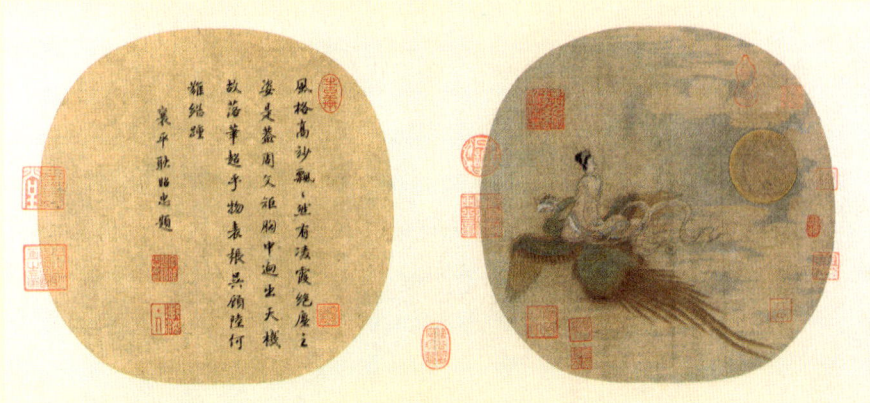

[宋] 佚名 仙女乘鸾图

  这看起来是一首记述梦境的诗，但更像是李清照梦想中的世界。她大约是知道自己所期盼的情境在人间很难实现，故而借着一场梦，来表达自己的想法。梦中的仙境聚会便是李清照所渴望的人间雅集，在座之人可以谈诗论文，也可以争执诡辩，但都要抛却功名的羁绊与世俗的偏见，只做回一个纯粹的自在的人。

  在这构想的梦境里，李清照列举了一个大名鼎鼎的仙人安期生，但也推出了一位名不见经传的仙女——萼绿华。她曾在晋穆帝时降临至修道人羊权的家里，赠给他一首诗。但是，世人对萼绿华几乎一无所知，不知道她的仙山究竟在何处，也不知道她究竟是什么神仙，只知道她穿着一袭青色素衣。

  这一首游仙诗中，萼绿华亦是李清照自己。在神仙满座的天宫宴席上，她只是个默默无名之辈。她多么希望能和那些翩翩嘉宾们"共看藕如船，同食枣如瓜"，她想要的，是一个公平公正地展示其才华的舞台。

  在那个几乎所有人都不认为女人可以跻身文坛的时代，李清照始终想要做那桂林之一枝，昆山之片玉。

  不过，即便怀抱着如此的雄心壮志，李清照也从未将自己装扮成一个女斗士的模样。她有着足够的智慧，能够时时告诫自己，梦境与现实终究是有差别的。

大宋时期的李清照，几乎是孤身闯入了一个全由男人做主的文学世界，纵然她想要争取到更多的成就，也需要在这个世界既定的法则内，战战兢兢，如履薄冰，慢慢地去努力。

小院闲窗春色深

青州归来堂上赌书泼茶的欢乐是独属于李清照与她的丈夫赵明诚的。当李清照用她的诗词文章与天底下的男性文人比拼才华的时候，她会显得小心翼翼，但又觉得不甚甘心。或许，只有在赵明诚面前，李清照才可以放心大胆地卸下伪装，毫无顾忌地展示自己所有的学识和才华。

事实上，当李清照试图为自己女性文人的身份博取一席之地时，当她试图抱怨乃至批评男性文人对待女子的不公时，她最先需要面对的人，便是自己的丈夫。好在赵明诚与李清照彼此之间，并没有因此产生太大的嫌隙。

或许，赵明诚在诗词才华上远不及妻子，但他也并非碌碌庸流。归来堂上的那一方书案，是李清照作诗填词的地方，更是赵明诚研究金石、著书立说的地方。

后屏居乡里十年，仰取俯拾，衣食有余。连守两郡，竭其俸入，以事铅椠。每获一书，即同共勘校，整集签题。得书、画、彝、鼎，亦摩玩舒卷，指摘疵病，夜尽一烛为率。故能纸札精致，字画完整，冠诸收书家。

——李清照《金石录后序》

因为赵家在青州早已置办了田地房产，如今归居，又免去了许多东京城里豪门贵族间的应酬往来，故而李清照与赵明诚过上了衣食无忧的生活。他们将富余的钱财统统都拿了出来，甚至后来赵明诚再度出仕时所有的俸禄，全部都用在了书籍的校勘事务上。

那时节，他们每寻获一本书，都会一同校对，整理成类，题写书名。如果买到了书画，或者彝鼎一类的青铜古器，便要反复赏玩，评鉴出有瑕疵之处。每当此时，二人几乎是废寝忘食，故而约定，只要夜来烧尽了一支蜡烛，便必须放下手中珍品，前去歇息。正因为夫妇二人如此用心，所以收得的古籍、字画都保存得极为完好，是其他藏书家所不及的。

青州城是古齐国所在地，自古以来，许多丰碑巨碣都留存在这里。数年内，赵明诚便收集到了《东魏张烈碑》、《北齐临淮王像碑》、唐李邕撰书的《大云寺禅院碑》等众多石刻拓本，更有一些出土的古戟、古觚、古爵，也都成了归来堂上的珍宝。

然而，归来堂上的书籍字画、碑石珍玩并非都是旁人送上门来的，有一些需要赵明诚自己到外面走访、探寻。更何况，他编撰《金石录》的过程中亦有许多疑难未解之处，那些由别人转呈的碑刻拓本，若能够亲自去考察验证，亦是一件快事。

回到青州三年有余，每每天气晴好时，赵明诚便会登上家宅附近的小丘向西眺望，看着天际隐隐可见泰山形影，于是就常想起杜工部《望岳》诗中"会当凌绝顶，一览众山小"之句。

泰山乃五岳之首，自古百姓们便将其视作神山一般。正所谓"泰山安，四海皆安"。从秦始皇起，多少帝王或是遣官祭拜，或是亲自告祭。那山峦之上，不知留下了多少碑碣石刻，等待着赵明诚去发现。

从青州至泰山，不足三百里，赵明诚的心思一直被牵系在那里。政和元年（1111）的初春，赵明诚终于决定前往泰山一游。李清照便替丈夫收拾了行囊，目送着他向西离去。

浣溪沙

小院闲窗春已深，重帘未卷影沉沉。倚楼无语理瑶琴。

远岫出山催薄暮，细风吹雨弄轻阴。梨花欲谢恐难禁。

[宋]佚名 梨花鹦鹉图

透过房中窗棂，突然发现小院内的春色已渐渐消逝。一重重帘幕尚未卷起，故而显得屋里暗影沉沉。倚靠在绣楼之上，心中多少寂寥无处可诉，只能抚弄着瑶琴。远处的山上飘出丝丝轻云，似乎催促着暮色早些来临。一阵风过，不知为何降下些细雨来，只怕那院中的梨花都要被打落，而这情境真是让人有些伤怀难耐。

世人总是以为，李清照许多带着淡淡哀愁的诗都是因为和赵明诚两地分离而写。但事实证明，李清照并不需要依靠这些所谓的离别才能写出动人心扉的词句。准确说来，她只是想借着这些伤感的词篇，不断探索自己的创作之路，展现自己的才情。

事实上，自从回到青州后，赵明诚已然数次离开归来堂，前往青州附近的仰天山、长清县（今山东济南长清）的灵岩寺等地寻碑访石，《金石录》里记载的许多碑文都是出自这一段时间。尽管赵明诚曾数次离家，可每次去的地方都不算太远，离开的时日也没有太长，并不足以让李清照生出过浓的离别伤感。而在赵明诚离开的这段时日里，归来堂上的李清照除了闲来填词，还有更多重要的事情需要去做。

收书既成，归来堂起书库，大橱簿甲乙，置书册。如要讲读，即请钥上簿，关出卷帙。或少损污，必惩责揩完涂改，不复向时之坦夷也。是欲求适意，而反取憀栗。余性不耐，始谋食去重肉，衣去重采，首无明珠、翠羽之饰，室无涂金、刺绣之具。遇书史百家，字不刓缺，本不讹谬者，辄市之，储作副本。自来家传《周易》《左氏传》，故两家者流，文字最备。于是几案罗列，枕席枕藉，意会心谋，目往神授，乐在声色狗马之上。

——李清照《金石录后序》

屏居青州的数年间，赵明诚的《金石录》书稿已完成了一部分，而这些写成的文字需要审阅校对，那些不断收集来的书画古玩也需要修补整理。小小的归来堂俨然成了书库，沿墙而立的书橱上分门别类地放满了书册。即便是亲信的人来借书讲读，也需要登记簿册，取钥匙，检校无误后才能送出。若是书籍遭人污损，必定要责成借书人修补赔偿才肯作罢。曾经那个豪爽大方、凡事任性随心的李清照，为了这些书籍，也不得不成了一个斤斤计较的人，原以为可以安心舒适的诗书生活，反而因此变得有些令人烦躁起来。

同许多以勤俭持家为傲的女子不同，李清照似乎并不避讳自己不善理家的缺点。早年间积攒下的家财，很快因为夫妻二人不断地收集书册古董而消耗殆尽。无可奈何之下，李清照只得又恢复了节衣缩食之法。

起初，李清照削减了饭桌上多余的肉菜；然后便是不再采买多余的锦缎衣裳。别家女子都盼着珠翠满头，可李清照的发髻之上却再没有了明珠翡翠一类的首饰，屋子里也不会置办镀金刺绣的家具器物。

夫妻二人把所有节省下来的钱都用来换取各种书籍，那些版本正确、文字没有缺漏的书都会收进归来堂，作为副本保存。至于《周易》《左传》这两部书，因为家传已久，故而这两部的版本源流最为齐备，夫妻二人便将这些书罗列于床榻枕席之侧。虽然屋子里总因此显得乱糟糟的、不成个样子，但李清照和赵明诚似乎更喜欢这样的生活，彼此的心意相通，如此的乐趣人生，远比那些声色犬马的庸俗喜好畅意多了。

在李清照和赵明诚归隐乡里的那些年里，归来堂就是他们的天堂乐土，也是青州的一处诗书雅苑。

政和七年（1117）九月初十，归来堂上迎进了一位客人。他乃是故相刘挚之子刘跂。

若说刘跂这个人，倒是也有些风骨，其行为举止与赵明诚的岳父、李清照的父亲李格非有些相像。他元丰初年得中进士，随后便做了亳州教授，到了元祐年间又任曹州教授。

彼时，刘跂之父刘挚已然成为朝中新贵，甚至一度成为宰辅。但刘跂似乎对官场毫无兴趣，也从不炫耀自家身份，只做着些写诗作文、寻旧访古的事情。

然而，党争的风波总是难以躲过。几番沉浮后，刘跂干脆归隐东平（今山东泰安东平），断绝了种种人际往来，故而许多人也并不知道他的身份家世。

但是，刘跂对赵明诚似乎一直很关心。若论年纪、辈分，刘跂该算作赵明诚的叔伯。当年，赵挺之出入仕途时就曾得到刘挚的引荐，两家之间的交好也是由来已久。但刘跂更愿意将赵明诚看作忘年之交，尤其是赵明诚撰写《金石录》一事，刘跂十分上心。

政和三年（1113），刘跂曾经前往泰山游览访碑，寻到了秦时宰相李斯所刻碑石，便拓下了下来。在仔细研读了碑文之后，刘跂发现，若按照太史公司马迁《史记》中所载，秦相李斯的文章该有一百四十六个字。可事实上，碑上所刻文字字数差失了九个字，显然是司马迁记载有误。

为此，刘跂不觉慨叹。想太史公治学写史也有差错，更何况后代诸生？而古今书籍浩瀚如海，若是按照此种情况推论，只怕错谬的地方会更多。如果这些书籍所记载的文字一直无人去考察验证，长此以往，岂不是错上加错，贻误后人？

所以，刘跂深感赵明诚著《金石录》乃是一件有益于学者治学的事，可谓是一桩大公德。而他拓下的《秦泰山刻石》摹本，也最终被赵明诚收进《金石录》中。或许，刘跂此番登门就是为了关切《金石录》的著书进展。虽然书稿只有三十卷，尚未编撰完结，但刘跂已然深感欣慰。赵明诚遂也趁此机会，邀请刘跂为《金石录》作序。

那一天，赵明诚夫妇和刘跂的相聚一定是极为欢喜的。与此同时，他们大概也都明白，如此逍遥惬意的日子，恐怕是过一日少一日了。

自大观元年（1107）赵挺之辞世，赵氏一门归居青州乡里，李清照和赵明诚也开始了归来堂上无忧无虑的生活。但是，即便身处江湖之远，朝堂诸事也不会就此远离。更何况，赵挺之曾经贵为右相，不过是受小人诬陷，才被夺去死后赠谥。而家中诸子本也是朝中栋梁，难道就要从此默默无闻，成为乡野之间的凡夫俗子？

至少，赵挺之的夫人郭氏是不甘心的，而赵家的长子赵存诚、次子赵思诚可能也是心向功名的。

宋徽宗大观四年（1110）春天，赵挺之的三年丧期已经结束了。恰好此时，朝中的台谏官纷纷弹劾蔡京，列举其擅改法度、买卖官爵等罪名。蔡京只得辞去了左相之位，以编修《哲宗实录》为名，离开了朝堂。

但是，许多刚直朝臣对此似乎并不满意，在继任的尚书左仆射兼门下侍郎何执中的支持下，太学生陈朝老上疏追究蔡京的十四大罪状，称其"渎上帝，罔君父，结奥援，轻爵禄，广费用，变法度，妄制作，喜导谀"等，恳请宋徽宗将蔡京贬黜流放。

堂上一呼，阶下百诺。一时间，朝中诸臣纷纷附议。未过数月，彗星又在奎宿、娄宿之间出现。于是，御史张克公再举蔡京十数件"不轨不忠"之事，而宋徽宗迫于压力，只得将蔡京贬为太子太保，迁往杭州居住。

闻听蔡京被贬，避居青州的赵家人自然看到了希望。颇有丈夫气概的郭氏决意上疏朝廷，请求恢复赵挺之的赠官。于是，在政和元年（1111）的五月间，赵挺之被除去观文殿大学士之职，特赠太师。而郭氏也得到了一等国夫人——秦国夫人的封诰。

赵挺之的官爵一旦恢复，赵家诸子的仕途便再度开启。政和二年（1112）时，赵明诚的长兄赵存诚被任命为秘书少监，品阶虽然比他当初的卫尉卿要小许多，但终究比做个无名小辈要好多了。

对于兄长的再度出仕，赵明诚自然没有任何资格说些什么。尽管他自己更喜欢眼前的日子，但也深知母亲和兄长的决定关乎着赵家的家业和未来。然而，当郭氏和赵存诚收拾了行装、备好了车马，打算带着所有人重返东京城的时候，赵明诚和李清照还是选择了留在青州，留在他们的归来堂。

实际上，或许正是因为母亲、兄嫂的离开，才越发暴露了李清照不善理家的短板。但这些并不会影响李清照和赵明诚的心境，在青州最后的那几年，夫妇二人只不过是重新回到了初成婚时那种清贫却自得的生活状态。纵然偶尔有些清冷寥落，甚至会让人觉得愁烦，但比起东京城内的喧闹奢靡，李清照还是更愿意与青州的山水田园做伴。

念奴娇·春情

萧条庭院，又斜风细雨，重门须闭。宠柳娇花寒食近，种种恼人天气。险韵诗成，扶头酒醒，别是闲滋味。征鸿过尽，万千心事难寄。

楼上几日春寒，帘垂四面，玉阑干慵倚。被冷香消新梦觉，不许愁人不起。清露晨流，新桐初引，多少游春意。日高烟敛，更看今日晴未。

萧条冷落的庭院里，偏又吹起一阵阵的斜风细雨，重重院门已然紧闭。春日的嫩柳娇花都在不断生长着，可这寒食时节的天气，实在是令人恼恨。刚刚写就了一首奇险韵律的诗篇，也从沉醉的酒意中清醒，便忽然生发出一种闲散无味的情绪。北归的大雁纷纷飞过，可心中的万千心事却无从寄托。

连日来闺阁之中春寒料峭，垂下四面的帘幕，在玉栏杆边慵懒地凭倚。锦被已经清冷，炉中熏香也都燃尽，一觉醒来，仍旧愁烦无限，教人不得不起身。清晨的露水尚在草叶上流淌，梧桐树上新生出一片嫩叶，似乎提醒着该是游春的时候了。看日头升起，晨雾散去，不知道今日是不是天气晴朗。

寒食清明，似乎永远是一个喜忧参半的时节。若是遇着那斜风细雨的天气，暮春的清寒便会陡然加重，让人的心里也冷了下来。加之思念先人之情，心中的烦恼自然愈发得多。于是，赋诗饮酒都成了闲愁滋味。然而，一旦春寒散去，春风和煦，眼前的一切都会变得美好起来，连心思也蠢蠢欲动，想着踏春，想着游玩，盼着能有一个好的天气。

这俨然又是李清照的口气，纵然有着淡淡的愁烦，最终还是要化为欢欣。如果非要用李清照的诗词去串联她的人生轨迹，纵然不能穷尽每一首诗、每一阕词的创作年月，但世人终会发现，从少女时代的无拘无束，浑然不识愁滋味；到青春长成，初嫁之时平添了些女儿心的闲愁；再到经历波折，于生活中沉淀下诗书人生，李清照一直保有着她本真的模样。她始终是那个带着一段女性天然的婉转柔和，但又胸怀坦夷的李易安。

但直到此时，李清照的世界仍旧局限在她的闺阁之中。无论是东京城内的有竹堂，还是青州乡里的归来堂，都仅仅是一个可以"审容膝之易安"的小屋而已。纵然李清照在父亲李格非、公爹赵挺之的经历中感受到了朝堂斗争的诡谲与丑陋，但这些还不足以震撼她的心扉。

纵览古来诗词文章之大家，几乎无一人不是饱受苦难的。当初在面对至亲之人所经受的苦难时，李清照尚可以用"不如随分尊前醉，莫负东篱菊蕊黄""归来也，著意过今春"的词句自我勉励，从而实现了精神的超越。但是，属于李清照这个时代的苦难还未真正来临。而待到那时，李清照的诗词世界，将会展现出另一番更深沉、更辽阔的天地。

就在李清照和赵明诚屏居青州的十多年间，大宋王朝已然踏上了穷途末路。

早在建中靖国元年（1101）时，宋徽宗的翰林画院里便收入一幅精绝长卷——《清明上河图》。那图上所绘的，正是大宋东京城内的繁华清明：市坊之间，商铺林立，车水马龙；虹桥之下，货船云集，纤号声声；郊野之外，村落俨然，游人如织。

[宋]张择端 清明上河图

但是，在这盛世图景之中，亦有惊马侵市、官员争道、军力懈怠、城防涣散的不和谐景象。只可惜，这些自然都被宋徽宗刻意忽略了，他心里所想要的，只是个清明王朝的幻影。

虽然宋徽宗赵佶也曾迫于朝臣谏官的压力，几次贬斥了蔡京，但每一次他都会想尽办法，用最快的速度将蔡京召回身边。而深得皇帝信赖的蔡京，也一直打着"绍述"的旗号，以变法改革为名，实则处处排斥异己。他收受贿赂、卖官鬻爵之事更被百姓们编成了歌谣："三千索，直秘阁；五百贯，擢通判。"表面上清平盛和的大宋王朝，骨子里却已经支离破碎。

自宋仁宗庆历新政时起，朝廷因为改革变法引发党争，待到宋哲宗元祐年间的党争大爆发，再到宋徽宗初年的"元祐党人碑"事件，似乎大宋王朝一直为党争所累，历代君臣都困苦不堪。但实际上，在新旧两党数十年的争斗中，已足以让至高无上的皇权掌控者以及聪明的人们总结出一个规律：那些所谓的旧党人士，似乎都是恪守道德礼仪规范的君子，但同时也是执政能力低下的腐儒。而新党之人，则个个都是精打细算的好手，对于如何收敛银钱、充盈府库，有着各种奇思妙想。所以，尽管新旧两党争执不休，可皇帝并不缺钱花，百姓们的日子倒也过得十分太平，这让坐享前人之功的宋徽宗似乎有了一个可以放松懈怠的理由。更何况，他本就是一个贪图声色之人。而蔡京正是拿捏住了宋徽宗的本性，处处逢迎谄媚。他以"丰亨豫大"之说怂恿宋徽宗沉迷享

乐，铸九鼎，建明堂，修方泽，立道观，将国库钱粮几乎挥霍一空。

东京城地处中原，平皋千里，并无崇山峻岭，更乏洪流巨浸。这让满怀风雅的宋徽宗多少有些遗憾，他认为帝王就应该像神灵一样，住在一片有着山水形胜的地方。

为此，蔡京便劝说宋徽宗在东京宫城的东北上营建艮岳寿山，要使苑内冈连阜属，溪水旁垒，囊括天下之美，藏纳古今之胜。楼阁殿宇之间，奇花美木，珍禽异兽，无所不有。

宋徽宗本是个有着极高艺术造诣的君王，他将艮岳的修建视作生平大事，为此，他于苏州设置应奉局，专门负责在东南江浙一带搜罗奇花异木、嶙峋美石、珍禽异兽。应奉局管领朱勔等人便以此为由，在民间大肆抢夺，致使民怨沸腾。

为了将这些奇花异石运送至东京，宋徽宗更建立起一支专门的运输船队，自大运河运至东京。这支船队通常十船一组，称作一"纲"，故而得名"花石纲"。

为了保证"花石纲"的运输，漕运诸事都被搁置一旁，而蔡京及其党羽更趁此时机巧立名目，增税加赋，搜刮民财。百姓们苦于繁重赋税的盘剥，无数人流离失所。

宣和元年（1119），宋江聚众三十六人在梁山泊（今山东济宁梁山北）起

[宋]赵佶 祥龙石图

义,很快便发展为一支颇具规模的农民起义军。而在南方,正因为苏州应奉局的抢夺压榨,在盛产竹木漆的睦州青溪县(今浙江淳安)一带强行搜刮,漆园主方腊遂于宣和二年(1120)以讨伐朱勔为名,率众起义,聚众数万,从者如云,攻城夺池,威震东南。

这一切,对于沉浸在东京梦华中的宋徽宗而言,已是不折不扣的萧墙之祸。但是,与内忧往往携伴而行的,还有外患。

自宋真宗景德元年(1004)秋天,宋与辽设立澶渊之盟后,宋、辽和西夏形成三朝鼎立之势。而宋、辽两国,更是百余年间几乎再无刀兵之争。但也正是如此的和平岁月,使得大宋朝忘战去兵、武备皆废,而雄踞塞北的辽国也懈怠了戒备,使得偏居东北的金国不断壮大。

宋徽宗政和元年(1111),童贯被封为检校太尉出使辽国,辽人马植夜间

[宋]王希孟 千里江山图

前来拜谒，献上了宋金联合共同灭辽之计。于是，童贯返京后立即上书宋徽宗，劝说宋徽宗派使者与金国结盟，一旦灭辽，便可以夺回自五代后晋时起割让出去的燕云十六州，宋徽宗更会因为完成了历代先帝们未尽的功业而载入史册，成为一位真正的圣君。

此后，大宋朝廷一面忙着镇压国中的农民起义，一面通过海陆与金国互派使节往来，并最终于宣和二年（1120）定下了盟约：宋金合力攻辽，灭辽之后，金取辽中京大定府（今内蒙古赤峰宁城），宋取辽南京析津府（今北京西南）。而后，宋朝原先上交给辽国的岁币转纳于金国，金国则将归还燕云十六州。

从宋、金两国约定"海上之盟"的那一刻起，天下格局于悄然间分崩离析，一轮轮的王朝丧钟已开始敲响。天才少年王希孟于政和三年（1113）绘成的那一幅《千里江山图》，终究成了宋徽宗君臣父子们的一个幻梦。而在这巨大的历史浪潮之下，无一人可以安然地置身事外，更何况赵明诚、李清照这样的仕宦之家？

宋徽宗宣和三年（1121），伴随着赵明诚的再度出仕，李清照青州归来堂上的逍遥时光，便也彻底终结了。

第四章

JINAN 济南故事

凤凰台上忆吹箫
——别家乡，空叹人生凄凉

新来瘦，非干病酒，不是悲秋

自赵挺之逝世后，李清照与赵明诚归居青州，二人在归来堂上整整度过了十四年的相守时光。他们一起搜集金石字画，一起评鉴赏析，将这些所得统统都记述在了一部《金石录》里。那时节，李清照可以尽情地施展自己的才华，填词作诗，赌书泼茶，满是闲情逸致。

也许，李清照也曾效仿那些话本故事里的有情人，让赵明诚为自己绘成一幅丹青写真，并题字在上。赵明诚描画了半日，一时想让李清照捻一朵兰花以示其闺阁高洁，一时又想改作红梅，取其不与群花比的芳姿，可李清照却都不同意。她走到庭院，自东篱畔摘取了一朵初绽的清菊，偏要赵明诚也将幽幽菊香绘入画里。

然而，这一切的美好很快都成了梦中画影。

凤凰台上忆吹箫

香冷金猊，被翻红浪，起来慵自梳头。任宝奁尘满，日上帘钩。生怕离怀别苦，多少事、欲说还休。新来瘦，非干病酒，不是悲秋。

休休，这回去也，千万遍《阳关》，也则难留。念武陵人远，烟锁秦楼。惟有楼前流水，应念我、终日凝眸。凝眸处，从今又添，一段新愁。

金猊样式的铜炉里，熏香的烟火已经冷透。床上的锦被堆叠，犹如翻卷波浪。晨起之时，心情慵懒，都不愿仔细地梳起发髻。任凭妆台之上洒满灰尘，那些首饰也无心插戴了。日头已经照上帘钩，时间过得这样快，让人越发地害怕那离别的痛哭，有多少心事，欲说还休。这些时日人渐消瘦，不是因为贪杯过度，也不是因为悲秋之情。

罢了，罢了，此一番离去，只怕是唱上千万遍《阳关》曲，也再难挽留。就好比那武陵源中的仙境一般遥远，烟雾更笼罩起这闺阁空楼。只有那楼前的潺潺流水，能够看得见我每日里凝望的双眸。从今日起，那凝眸之处，将有我一段思念与哀愁。

自长兄赵存诚政和二年（1112）时复起为秘书少监，至今已有九年时光了。这九年里，李清照与赵明诚在青州归来堂度过了人生中最快意的时光。他们从不向往玉马金堂的官宦生涯，但时移世易，纵然赵明诚不愿出仕，可此间的朝廷急需用人，而起复像他们这样在朝廷里担任过官职的世宦子弟，是最方便不过的事。

为此，赵明诚的再次出仕似乎显得有些匆忙，又或者说，这让习惯了闲淡生活的他和李清照都有些心神慌乱，不知未来该作何安排——若是径自离去，这守护了十余年的青州家园该如何料理？归来堂满屋珍宝又该如何安置？若是留守此间，那便注定要夫妻长久分离。

不知为何，仿佛就是从那一段年月起，李清照真正的哀愁渐渐多了起来。她往日闲愁词作中一直透露出的乐观心境，似乎也渐渐少了，乃至全然不见。但是，一如李清照所言，这"新来瘦"的原因，"非干病酒，不是悲秋"，除却对赵明诚的思念，恐怕还有对这个家国世道的担忧。

在赵明诚二度出仕，任莱州（今山东莱州）知府的这年初春，他早已入朝为中书舍人的二哥赵思诚上书议论添差兵马督监一事。

兵马督监是宋朝军职，为行军出征之一军或方面副帅，州府上的兵马都监则是地方上的军事主官，而添差者是那些在差遣人员名额外增添的虚衔，只拿俸禄，并不任事。宋朝自开国以来，监押大州的兵马督监不过三人，可到如今，一个州府里的兵马督监名额有六七人之多，且大都不务正业，凭空浪费人力。赵思诚虽然对此有些担忧，可他并不敢直言上谏，只是借着相关事务婉转地向朝廷请求裁决。

而事实上，在一桩小小的添差兵马督监事件背后，是整个朝廷官员冗增的沉重。宋徽宗宣和年间，朝廷的官员总数已有四万六千多人，是宋仁宗时期的三倍多，致使户部根本无力支出官员俸禄。而与此同时，宋徽宗的肆意挥霍却依然有增无减。

但是，这些事情都未能引起当政者的警觉。那时节，宋徽宗一心一意想着的，是灭辽国、收复燕云十六州的大业。

当时，碍于辽国阻隔其间，宋朝与金国的使臣往来一直是走水路，而登州（今山东蓬莱）便是迎来送往之地。赵明诚赴任的莱州，则与登州相毗邻，亦属临海之城，在当时的地位可谓重要。当成为莱州知府的赵明诚站立于莱州城头，北望海疆、南眺中原之时，恐怕也会禁不住想起一百八十多年前的那段历史。

一百八十多年前，当后晋开国之君石敬瑭在契丹的帮助下，灭后唐取而代之时，千百年来，一直被视作华夏正统的中原王朝竟向他国称臣。石敬瑭为免起兵端，只得认契丹为主国，接受了"大晋皇帝"的册封，向耶律德光，也就是后来的辽太宗自称儿皇帝。也是从那时起，燕云十六州的大好河山便拱手让于契丹辽国。

失去了燕云十六州，中原便失去了最天然的屏障。自后周世宗显德年间起，至大宋朝太祖、太宗皇帝，几度出兵，只为收复燕云十六州，却又都一次次地铩羽而归。待到宋真宗景德元年（1004），皇帝御驾亲征，在澶州城下与辽国约定"澶渊之盟"。虽然自此宋辽两国罢兵休战，百姓们生活安定，可燕云十六州依然在辽人手里。

收复燕云十六州，这是数代大宋朝君臣子民们百余年间里最奢望的一场梦。没承想，如今这场梦竟在倏忽间来到了眼前，仿佛可以伸手即得。无论是高坐皇位的宋徽宗，还是盼着建功立业的臣子们，仿佛有许多人都对即将到来的这一场战争充满了希望。

但是，大宋朝的百姓们似乎还未感觉到同样的欢喜，他们关注的仍旧是眼前的苛捐杂税，三餐温饱。至于赵明诚和李清照，作为饱读诗书的文人士子，当他们悠闲的清梦被阻断时，一种无可名状的忧愁便渐渐浓厚起来。

然而，那朝堂上的军国大事依然与他们无关。赵明诚只能在莱州按部就班

[宋]赵伯驹 仙山楼阁图

地当着知州,李清照则在青州归来堂上整理家中的珍藏,想着如何在中秋佳节到来前,可以赶到莱州与丈夫团聚。

蝶恋花·晚止昌乐馆寄姊妹

泪湿罗衣脂粉满,四叠阳关,唱到千千遍。人道山长山又断,萧萧微雨闻孤馆。

惜别伤离方寸乱,忘了临行,酒盏深和浅。好把音书凭过雁,东莱不似蓬莱远。

与姐妹们分手时,泪水汩湿了脂粉,打湿了衣衫。彼此唱着四叠的《阳关曲》,唱了一遍又一遍,却终究要作别。离开的故土,漫漫道路被山岳隔断,当此微雨的夜晚,只能寄宿在凄冷的驿站孤馆。离别时被那愁烦情绪搅得方寸皆乱,竟忘了饯行的酒盏中斟了多少酒,彼此又饮了多少回。只记得一次次地彼此嘱咐,多多靠鸿雁来传递书信,毕竟东莱也不似蓬莱仙山那样遥远。

赴任莱州后不久,打点好州衙诸多事务后,赵明诚便将李清照从青州接来,而李清照一同带往莱州的,恐怕还有她精挑细选的,夫妻二人日常所珍爱的书画古籍。

自青州至莱州,不过三百余里的路程,实在算不得太过遥远。但是,对李清照而言,竟有些将这番离别看作从此关山再难见。送别李清照的姊妹,可能是赵氏族中的家眷,也可能是她在青州结识的闺阁友人。毕竟,在青州的这十数年的时光,是李清照迄今为止的生命里最快乐的日子。那里的人与事,都给予了她最难舍的情感。

也许,李清照心里早有着一些隐忧。她知道,赵明诚一旦再度出仕,二人的生活恐怕再难回到往昔:赵明诚若是仕途平坦,纵然可以一生无灾无难,却也逃不过案牍劳形;若是遇着那难测的宦海风波,恐怕会步先父后尘,坎坷流离。至于这青州故宅,也不知道何时才能再度归居此间。而归来堂上满架的书卷字画,箱笼里珍藏的碑石鼎彝,这些都要暂时忍痛撇下了。

当日,赵明诚赴任莱州时可谓轻装简行,只带走了正待整理的《金石录》部分书稿和他平日里最为珍爱的书籍字画。而今,李清照又收拾了许多书箱,更将早前写就的《金石录》书稿都带在了身边。若论真心,这归来堂上满屋子的珍藏,李清照都舍不下。可是,她却是真的都带不走。

最令李清照不安的,应当还是这晦明不定的朝廷。虽然金宋两国已达成盟约,可总觉得金人暗含鬼胎,而大宋的君臣们似乎也另有主意。江浙农民起义尚未彻底平定,而东京城内艮岳还在大肆修建。

此间,李清照不禁想起了父亲李格非的《洛阳名园记》,想起了篇尾的感叹:"公卿大夫方进于朝,放乎一己之私以自为,而忘天下之治忽,欲退享此乐,得乎?唐之末路是已。"如今细思,李清照不觉心头冰寒:父亲文中所映照的,不正是此时的东京城艮岳吗?难道大宋朝的末路,便在此时注定了?若真有那么一日,这朝堂君王该如何?这天下百姓该如何?这赵李两家亲眷该如何?这归来堂上的古籍珍宝又该如何?

可无论李清照做何感想,她都不知道自己终究可以做些什么。她唯一能够依仗的,就只剩下那些诗书了。

感 怀

宣和辛丑八月十日到莱,独坐一室,平生所见,皆不在目前。几上有《礼韵》,因信手开之,约以所开为韵作诗,偶得"子"字,因以为韵,作感怀诗。

寒窗败几无书史,公路可怜合至此。
青州从事孔方兄,终日纷纷喜生事。
作诗谢绝聊闭门,燕寝凝香有佳思。
静中吾乃得至交,乌有先生子虚子。

宣和三年(1121)八月初十,李清照终于赶到了莱州,可以和赵明诚一起度过中秋团圆节。然而,初到官衙之内,独坐房舍之中,那周遭的一切都不是旧时所见之物了,一种伤怀情绪顿时涌起。李清照看见桌上放着几册《礼韵》,心中暗想,要以所得第一个韵字作诗。于是信手翻阅,正是"子"字,她略略思忖,便吟成了一首七言律诗。

破旧的窗台边、书案上竟然没有一本诗书和史册,当此之时顿然让人生出袁术穷途末路时一无所有的感慨。这世上大多数的人都忙于美酒金钱的享乐,恨不能日日都过得欢喜非常。可我却宁愿闭门谢客,在房中焚香静坐,只为寻得奇思妙想,写成一首好诗。而在这平静之中,我也找到了两个最真诚的友人,一个是乌有先生,一个是子虚公。

这似乎是李清照第一次由衷地,甚至是刻意地在表达她的哀愁、伤感与孤凄。从前那些包含着闺阁愁怨的词篇,十之八九都是"为赋新词强说愁",而这首诗中的愁意,已然是识得愁滋味后的一种清冷味道。从前那些愁怨是专门写出来向人倾诉的,而今真正的痛苦却宁可自我化解,交付给子虚乌有的空幻。

曾有人揣测,李清照此时的凄凉是因为与赵明诚已生出离心。那个为美酒金钱日日忙碌的人,正是整日耽于官场往来的赵明诚。或许,此时的赵明诚已经收纳了几个美妾佳人在身边,而李清照便真真切切地成了她词篇里的长门之陈皇后，题扇之班婕妤。

可若果真如此，赵明诚何以会变成这等模样？难道他本就是贪恋官场的禄蠹？可要是他喜爱做官，早在十多年前，朝廷恢复赵挺之的赠官，赐予赵家子弟官职的时候，赵明诚就该蠢蠢欲动了。难道他是心灰意冷才如此放纵，索性将一切烦恼都交付酒色？可要是他真的如此不堪一击，又如何能数十年不懈，一字一字地写成了《金石录》？为什么到了莱州还几次去城外的天柱山、云峰山寻访碑石，终得《北齐天柱山铭》《北魏天柱山东堪石室铭》，以及《北魏郑文公碑刻》？

在莱州城的东南方，有一座形似笔架的云峰山。山虽不高，却林木繁茂、岩石嶙峋，不但风景如画，那绝壁山石更是雕刻碑文的绝佳之处，而古来所留的摩崖石刻也是一景。其中有一方北魏时的《荥阳郑文公碑》，乃是北魏国子祭酒郑道昭为颂扬郑羲一生功业所刻碑文。碑上书法，飘逸蕴藉，宽博宕逸，其笔力矫健新奇，气势磅礴，既有篆隶之势，复具分隶之雅，堪称佳作。

赵明诚登山赏碑时见文中称此碑为下碑，乃是因为云峰山石质更好才复刻的，还有一块上碑在"直南卅里天柱山之阳"，即云峰山正南方四里之外的天柱山。为此，赵明诚兴致勃勃地赶到了天柱山上寻觅，终将两方碑文仔细拓下，对比细看。想那时，李清照必然陪伴在侧，共赏书法，记录成文，编入《金石录》中。这也是夫妇二人莱州时节不可多得的快乐。

或许，对于寻常人来说，要理解李清照那独属于自我的孤独与凄凉是一件极难的事。人们更愿意把她看作一个需要肩膀倚靠的柔弱女子，她所有的欢喜与忧愁，都来源于爱情和婚姻。所以，他们也认定李清照在莱州时节的愁苦都是因为和赵明诚有了隔阂。可他们从未想过，李清照也可以像唐朝陈子昂登幽州台一般"念天地之悠悠，独怆然而涕下"。且看她这首《感怀》诗中，即便是忧愁难耐，用以自比的根本不是什么愁妇怨妇，而是一度称霸淮南的三国枭雄袁术。

因为，这种孤寂并不是闺阁寂寞，这种孤寂，是一个诗人、一个词家、一个读书学史的文士，对天地生灵的感悟，是李清照在家国命运转折的时刻，隐隐预见这个王朝恐将覆灭的巨变，心底生出的无助与凄惶。而这些情绪，也注定随着时间的流逝，越发凝重。

至于赵明诚收纳美妾，这自当又是好事者的荒诞猜想。想当时，上至朝中士子，下至寻常百姓，无不将纳妾之事视为平常。且以赵明诚之家世身份，身边收有一两个侍妾本更是自然不过的事情。

当年在东京城中时，李清照也曾悄悄听人说起文正公司马光拒不纳妾之事。道是文正公与夫人张氏成婚多年仍膝下无子，张氏便自己做主，替丈夫纳了一房妾室。谁知，文正公却对这妾室视而不见。一日，张氏命妾室用心装扮，将她悄悄送至文正公身边，可待文正公见到此女时，却将她呵斥一番，终究遣送出府去了。此后，张氏夫人依然无所出，文正公便将兄长次子过继为子，以承家业。

也许，对于赵明诚纳妾之事，李清照也曾有过幽怨和伤怀。可她也必然深知，无论丈夫能否像文正公那般贤达，心无二恋，自己也该学张氏夫人，识得大体，贤惠知礼。归根结底，李清照是赵明诚的发妻。

在青州的那些年里，李清照先后为公爹赵挺之、父亲李格非居丧，待年过三旬，与赵明诚仍无儿女绕膝。当此之时，纵然婆母郭氏、赵家眷属们不说，李清照也心知该为赵明诚考虑子嗣之事。况且，这终究是她日后的依靠。

只不过，纳妾数载，赵明诚依旧无所出，众人便也不好再议论些什么。而对李清照来说，这种遗憾终究是无能为力的，她唯一可以做到的，只有设法释怀。

贺人孪生启

无午未二时之分，有伯仲两楷之似；既系臂而系足，实难弟而难兄。玉刻双璋，锦挑对襟。

这一断句残篇的贺喜文字，大约是李清照写给某位熟识的亲友的。她列举了古代一些孪生兄弟的典故：任文的孪生子，一个生于午时，一个生于未时。

张伯楷、张仲楷兄弟二人长得一模一样，连他们的妻子都经常认错。两兄弟刚生下时，母亲因为不能辨认，只得用五彩绳一个系在手腕，一个系在足腕。而陈元方、陈季方更是才德超群，难分上下。今日，这位友人也得了一对双生子，正该刻上一对玉璋贺喜，裁一双锦缎为襁褓。

这虽然只算得李清照生平之闲文，却可令人窥见其知典用典的技艺高超。在这接连的比喻中，似乎也透露着李清照发自内心的羡慕和喜悦。而从长远来看，没有子嗣为继，终究为李清照的后半生平添了许多艰难险阻。

宣和四年（1122）的除夕之夜，赵明诚与李清照并几个侍妾家人一同守岁。同僚下属们都归家团圆了，偌大的莱州州衙内竟然有些清冷。虽然这并不是他们第一次在异乡过年，但正是长久的远离，世事的变幻，让赵明诚和李清照都生出了更多的哀叹。

屋内的炭火还算暖和，因枯坐无味，赵明诚便翻出了一些旧时收藏的书籍字画，同众人共赏。这些都是他的心爱之物，自上任时便收在了行装里，一直带在身边。然而，想想青州归来堂上那些碑石鼎彝，却只能孤寂冷落，唯有几个老仆看守了。

赏玩了半日，赵明诚信手翻出了文忠公欧阳修的《集古录跋尾》，顿时神情凄然。他展开卷册，只见那跋尾后一行行都是自己的旧时题字。最早的乃是崇宁五年（1106）所题。

记得那是仲春二月，蔡京刚刚被罢了相，赵挺之官复原职。赵明诚则仍在鸿胪寺当职，家中日子可谓富足，他和李清照遂寻了个大吉的日子，将《集古录跋尾》重新装帧了，题词以记。

待再次题词此卷，已然身在青州归来堂了，那是政和六年（1116）六月三十日。而两年后的仲冬十一月二十六日，赵明诚又夜寒难寐，便秉烛又观《集古录跋尾》。不承想，今日再见此卷又过四载，当此岁除之日，在这莱州郡宴堂之上，此情此景，真叫人备感怅然。

想当初，赵明诚和李清照尚在青春，转眼间，已都是不惑之年。赵明诚出任外官，终日忙于州衙事务，《金石录》之编撰整理也耽搁了许多，更觉精神大不如前。由此念及朝廷家国，似也有江河日下之意。

夫妇二人犹记得岁初之时，东京城内的艮岳终于建成，宋徽宗大喜之余亲笔书就《艮岳记》，命诸臣子作古赋并百咏诗，自以为东京城乃"后世子孙，世世修德，为万世不拔之基"，更道大宋朝"垂二百年于兹，祖功宗德，民心固于泰华；社稷流长，过于三江五湖之远，足以跨周轶汉"。

然而，就在《艮岳记》写就后十余天，金人的兵马攻陷了辽国中京（今内蒙古宁城西大明城），辽天祚帝仓皇奔逃，流落草原。到这时，大宋朝廷上下似乎才想起当日和金国的约定，而宋徽宗心里最终的盘算是最好能以宋国一己之力灭辽，如此才能彰显他的丰功伟业。

为此，宋徽宗随即派遣童贯任宣抚使，率领十五万大军北上，要抢在金国之前攻克燕京（今北京）。而此一战，也关乎着将来能否顺利收复燕云十六州。

可是，自从四月中旬发兵，士卒气势正盛时，童贯偏要与辽和谈劝降。待劝降使节的脑袋被人砍作了两半，又要贸然出兵。慌慌张张打了两场败仗，只得于六月间灰头土脸地班师回朝，将罪名都丢给了尽忠职守的老将种师道。

实际上，金国原是打算遵守"海上之盟"，将燕京留给宋朝去攻打的。可不知宋徽宗究竟作何打算，总是迟迟不肯再度出兵。入冬时金国使节听得消息，道是宋廷唯恐再吃败仗，有心让金国代为出兵，拿下燕京，随后再以岁币将燕京城赎回。到如今，燕京是攻下了，可金国所要求的赎回城池的条件却又变了：金国虽愿意交还燕云十六州其中的六个州城，但要求宋廷每年进贡的岁币多出二十万，而宋徽宗乃至整个朝堂的软弱退让，竟在最后变成了以一百万两白银买回燕京。

种种国情，实在是让人心襟寒透，却也是无可奈何。即便是作为大宋的官员，作为一州之长，赵明诚终究也做不了什么。

宣和五年（1123）四月，大宋朝廷终于用民脂民膏凑成的一百万两白银买回了燕京城，朝堂上下，君臣狂欢。童贯带领着许多臣子忙着给宋徽宗上贺表，颂扬他超越先王们的功业。而宋徽宗也忙着给各位有功之人赐爵封功，都顾不上理会州防御使提出加强防御燕京地带、稳固时局的建议。

一个多月后，金国开国之君、金太祖完颜阿骨打病逝。随着他的棺椁走向地下的墓室，当初金国与大宋签订的种种所谓的和平约定都化作了烟尘。

完颜阿骨打在世时，金人就已经对大宋皇帝的懦弱无能、言而无信深为痛恨，谏言完颜阿骨打早些灭宋。只是完颜阿骨打想恪守自己的诺言，不愿效仿宋徽宗这等无用无信的皇帝。

如今，完颜阿骨打的弟弟金太宗完颜晟继位，再没有任何力量可以阻止金人南侵。金国曾经答应将朔州、梧州等地移交给大宋的计划骤然中止。接着，只需要一个合理的借口，便可以开启战争，南下灭宋了。

谁料，未出一个月，这个借口就被大宋君臣拱手送上了门。

曾守卫燕京的辽国将领张觉一直对金国怀有离心，他见完颜阿骨打已死，便决意投向宋廷。宋徽宗等君臣明明知道，若接纳张觉便是背弃两国盟约，却又舍不得张觉及其手中兵马的小利诱惑，最终还是偷偷接纳了张觉的叛降。可就在张觉出城迎接宋徽宗招降圣旨的时候，金人攻打了他所占据的平州城，盖着大宋皇帝宝印的圣旨也成了宋廷违背契约的铁证。

但可笑的是，到了这年的八月十五中秋节，大宋朝廷竟然还在给围攻平州城的金国送粮草；而燕京城外，宋将郭药师带领的常胜军正与辽国残余势力、四军大王萧幹大战，整个朝廷似乎对金人的野心毫无察觉。

至于隔着一湾渤海，莱州府衙的静治堂上，赵明诚将新收得的《唐富平尉颜乔卿碣》重新装裱，记入《金石录》中。到此时，《金石录》的书稿也装卷初就。

也许，对于一个文弱书生而言，即便怀着忧国忧民之心，却还是只能在自己的小天地里寻求安慰和解脱。至于闺阁女子李清照，在这样一个世界里，她又能如何？

又还秋色，又还寂寞

宣和五年（1123）的岁初之时，堂兄李迥曾捎来书信，道是廉复先生的后人——孙廉宗师，曾孙廉理、廉珪想将李格非当年为廉先生所作序文刻碑树石。于是，他们邀请李迥代为题记留念，就在正月初七人日这天，将碑石树立于故乡章丘的廉先生墓前。

这让李迥想起了儿时岁月，也想起了当年哄骗小妹李清照，说要带她一同去拜谒廉先生墓的事情。谁知光阴荏苒，竟已经过去三十多年了。如今，堂兄也到了当日父辈们的年纪，忙着操持家业。小弟李远学业颇有成就，将来得中功名，亦可在朝中谋个一官半职。至于李家大名鼎鼎的才女李清照，这三十多年的岁月砥砺、人生沉淀，给予了她越来越丰富的感悟。而这些，最后都会化作千古词篇。

三年一任的知州生涯结束后，赵明诚和李清照当从莱州回到了青州。或许，他们还在那里度过了一段短暂的休憩时光。但没过多久，淄州知州的任命再度将赵明诚催上旅途。

蝶恋花

暖雨晴风初破冻，柳眼梅腮，已觉春心动。酒意诗情谁与共？泪融残粉花钿重。

乍试夹衫金缕缝，山枕斜欹，枕损钗头凤。独抱浓愁无好梦，夜阑犹剪灯花弄。

暖雨晴风，终于将冬日的寒意稍稍送走了些。看窗外柳叶似细眼，梅花正娇红，都萌发着春天的新生，教人不觉春心一动。只不过，此间若要饮酒赋诗,却没有人陪同。一时间,轻泪融湿了脂粉,满头花钿也不愿插戴了。

穿上金缕丝线缝制成的夹衫,却无心出门。晚上只得斜倚在枕上,哪怕压坏了发髻上的钗头凤。这浓愁越发消散不去,又怎能做成好梦。直到夜阑人静,也只有独自剪着灯花,权当游戏罢了。

李清照的许多愁怀情词都没有标记填词的日子,故而才总是给人们留下种种遐想。李清照在莱州的那些年月,总觉得愁情重重,不单是她,连赵明诚亦是如此。可此番赵明诚出任淄州,夫妻二人的愁绪似乎反倒少了些。

这大概是因为淄州与青州十分临近的缘故,两地相距不过百余里,而离李清照的故乡齐州章丘也更近些。或许,对于彼时的李清照来说,在赵明诚外任淄州的年月里,她既可以前往淄州暂住,也可以随时回到青州归来堂,没准还能前往故乡,探望一下娘家亲眷,看看堂哥李迥与弟弟李远。在纷乱的时事之下,在无可奈何的朝局之中,这恐怕是李清照仅有的安慰了。

宣和七年(1125)的夏天,李清照在淄州与赵明诚相聚。或许是上天的垂怜,在那短短的时日里,夫妻二人仿佛又找回了一些往日的欢心。

赵明诚似乎很喜欢淄州这个地方,他时常骑马出行,走访乡里。早前,赵明诚在城外偶然路过一处名为邢氏村的村落。但见天地平坦无垠,流水环绕,树木荫翳,房屋排列交织错落,赵明诚觉得必有高人隐居于此。他因问村中百姓,才知此村人皆姓邢,故名邢氏村。村里有位年长的邢老先生,十分好礼。于是,赵明诚前往邢老先生家中拜访,而老先生也并不嫌弃赵明诚身为知州的官场俗气,又得知他是为了访问碑石而来,故此十分敬重。

待到初夏,赵明诚再度拜访邢老先生时,老先生竟拿出了家中珍藏的唐朝白居易手书《楞严经》一百八十余幅,要赠予赵明诚,这令赵明诚喜出望外。

因上马疾驱归,与细君共赏。时已二鼓下矣,酒渴甚,烹小龙团,相对展玩,狂喜不支。两见烛跋,犹不欲寐,便下笔为之记。

——赵明诚《白居易手书〈楞严经〉跋尾》

在向邢老先生百般道谢后,赵明诚疾驰归家,要与李清照展卷共赏。这恐怕是数年来夫妻二人难得的欢喜。那一夜，李清照与赵明诚俨然又回到了十多年前归来堂上的时光：他们并肩而坐，仔细玩赏着眼前的书法经卷。那可是白居易的手书，一卷卷翻去，哪有看得够的时候，待到二更鼓敲响，夫妻两个也不愿休息。

赵明诚因有酒渴症，一时想要饮茶。李清照便烹煮起小龙团，茶香清幽，正可提神醒脑，二人则继续赏文。眼见蜡烛就要燃尽，李清照与赵明诚都毫无睡意。为了记下这一番奇遇，赵明诚提笔作文，在经卷最后题写了跋尾。

琴棋书画，诗酒花茶，这不仅仅是风雅之人的日常所好，更是他们的精神寄托。人生总有许多不如意的事，如果有什么可以让人暂时忘却烦恼，自得其乐，也只有种种心头之好了。

这一份白居易手书的《楞严经》，似乎成了赵明诚与李清照在淄州岁月里的光亮，给了他们久违的快乐。

随后不久，赵明诚又在府衙的一间破屋下发现了一方《唐淄州开元寺碑》，竟是唐代书法大家李邕所撰，却不知何时被人迁到这里，弃之不顾。赵明诚便命人将这碑刻挪至府衙别处，更用木制栅栏围护起来。

淄州是古时齐国故郡，多少前代遗存都藏匿乡间。大约是百姓们都听说知府是个喜好搜集古物之人，于是纷纷拿出了家中私藏，其中竟有《孟姜盥匜铭》和平陆戈，真可谓是意外收获。

但是，令赵明诚没有想到的是，更大的"收获"还在其后。

这一年，淄州发生了一次兵变。所幸的是，赵明诚作为知州，指挥得当，派遣官兵及时镇压，斩获了许多叛贼。为此，朝廷特意嘉奖了赵明诚，将其进官一等，更希望他能剪除残孽，安抚兵民，以缓解朝廷的东顾之忧。

这或许是赵明诚出仕以来，凭借自身实力第一次获得的功绩。但在这荣耀背后，人们似乎都没有意识到，或者说不愿意承认：大宋朝廷，已然危在旦夕。

就在这一年，宋金两国的关系彻底崩裂。只是，宋徽宗君臣自作聪明地以为金国并不了解他们的意图，而金国则是早已看破了一切，从而顺水推舟地利用了宋朝的种种决策。

经过赎买燕京一事，宋徽宗意识到了金国的强势。但他几乎都没有想过该如何加强军备，整顿朝纲，反而痴心妄想地让童贯去招降逃亡在外的辽国天祚帝，甚至还写了一封亲笔信函，称会待天祚帝以皇弟之礼，期盼宋辽联盟，抵抗金国。

结果，非但是天祚帝，就连宋徽宗的这封信也落到了金人手中。只不过，金国并没有立即发难，仍旧装作两国修好的态度，汇报了天祚帝被俘之事，派遣使团入宋示好。而与此同时，宋金两国边界上，金国的兵马已然完成了最终的调动。

实际上，当金国军队在频频南调的时候，早有机警的守边将领向朝廷递交了奏章共计一百七十余条。然而，却没有一条引起宋徽宗君臣的重视。那时节的东京城内，恐怕仍旧沉浸在一片盛世祥和的美梦中。

古人一直认为，黄河水清乃是圣人在世的大祥瑞。而在宋徽宗大观初年时，就连续三年发生了黄河水清的吉兆。大观元年（1107），乾宁军（今河北沧州青县）报八百里黄河水清，前后持续了七昼夜，满朝文武欢呼雀跃，宋徽宗更下诏改乾宁军驻地为清州。次年，同州（今陕西渭南大荔）黄河水又清；待到大观三年（1109），陕州（今河南三门峡）、同州的黄河同时水清。

正是如此的祥瑞之兆，让宋徽宗坚信他的举措都是圣人之行，以至于看不见任何的危机。而更多的人，明明意识到了家国的隐患，但却为了明哲保身而选择了漠视，却都忘了那一句古训：覆巢之下，焉有完卵。

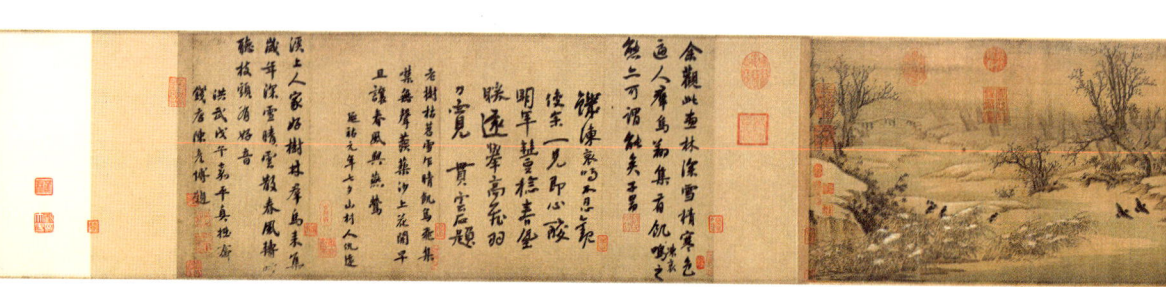

[宋] 佚名 寒鸦图

忆秦娥

临高阁,乱山平野烟光薄。烟光薄,栖鸦归后,暮天闻角。

断香残酒情怀恶,西风催衬梧桐落。梧桐落,又还秋色,又还寂寞。

登临高高的楼阁,眼前是一望无垠的平原,点缀着一些零落散乱的小山丘陵。天际里是轻薄的烟雾,乌鸦都已经归了巢,而这即将褪去的暮色里,仿佛听见了声声军中号角。

炉中的香火就要熄灭,杯中的酒也将饮尽,令人心情越发烦躁。阵阵西风吹起,催落了梧桐树叶,转眼间又是一年秋色。这凄冷景象,更让人心生寂寞。

显而易见的是,随着大宋朝廷的不断衰退,即便身为闺阁女子,李清照也依然感受到了家国的隐忧。那遥远战场上的号角,似乎亦能听见。只是,此时此刻的李清照还无法确定这份隐忧究竟是对是错。毕竟,作为大宋的子民,她更希望这个天下可以安然太平,可以让她有更多的时间去读书,去填词,去表达自己。

毋庸置疑,李清照的诗作词篇,有一些是闲时应酬之作,有一些是遇事因情而发,还有一些会附带出明显的个人生平遭际。但无论是哪一种,都不能脱离李清照的性情色彩,她从不在乎在词篇中表露自己的感情乃至人生观、家国

观。也正是因此，后世之人才能够从她的词作中看见一个活生生的李清照，看见她所生活过的世界。

宋徽宗宣和七年（1125），是大宋朝真正天翻地覆的一年。

十一月底，当满朝文武都忙着岁末的祭祀大典时，金国的军马兵分两路，自太行山东西侧分别南下，直攻东京，毫无戒备的宋军几乎是节节败退。直到宋朝在石岭关以北的最后一个据点失守的时候，东京城内的许多臣子百姓们还蒙在鼓里，而大宋朝的皇帝却已经做好了逃走的打算。

十二月二十日，宋徽宗下诏，册封太子赵桓为开封牧。在宋代，开封牧一职只能够属于皇位的继承者，而此时的宋徽宗已经想好，要让儿子替自己收拾烂摊子。两天之后，宋徽宗颁布了罪己诏，并于次日传位于太子。

宣和七年（1125）十二月二十三日，宋钦宗赵桓继位。他首先做出的决定是于次年改元"靖康"，意在"日靖四方，永康兆民"，但他即将面临的，却是金兵对大宋国都东京城的围攻。

宋钦宗靖康元年（1126）正月初三，在没有任何宋军抵抗的情况下，金军从容不迫地渡过了黄河。而这天夜里，成为太上皇的宋徽宗带着他的后宫以及所谓的忠心耿耿的臣子们，开始一路南逃，直奔扬州去了。

所幸的是，一个名叫李纲的将才横空出世，率领开封军民将金兵抵挡在了东京城外，免使王朝瞬间沦陷，但柔弱的新君还是选择了向金国割地求和。

尽管宋钦宗答应了割让太原、中山、河间三镇之地并赔偿军费的条件，金国也从东京城撤了兵，但和谈的执行并没有想象中的那般顺利。宋国君臣到底有些不甘，可又不敢真的背水一战。就在这莫名其妙的顾盼迁延中，人们等来了金兵的第二次围攻东京城。

青玉案

征鞍不见邯郸路。莫便匆匆去，秋风萧条何以度。明窗小酌，暗灯清话，最好流连处。

相逢各自伤迟暮，犹把新诗诵奇句。盐絮家风人所许。如今憔悴，但余衰泪，一似黄梅雨。

跨马出征的人看不见那邯郸梦中的功成名就，如何能就此匆匆而去？秋风萧瑟，如此情境，教人怎样度过？明窗之下小酌一番，灯火昏暗中正好闲谈，这恐怕是最值得留恋的了。

可惜的是，此番相逢彼此都已是迟暮之年，但仍惦记着赋诗时要吟出新奇的句子。当初也曾被人称赞过有柳絮之才，而今人已憔悴，只有满怀清泪，就像这黄梅细雨。

这阕词很晚才被归于李清照的名下，大约就是因为词中的意蕴与易安居士气韵太过相似。而无论这阕词究竟是不是李清照所写，遥想当时情境，都足以让人唏嘘。尽管在靖康元年（1126）前后的那一段岁月里，战争的烽火并未燃及齐鲁之地，但西望着东京城的烽火，只怕所有人都寝食难安。

不过，即便此时此刻人人心中有着强烈的家国存亡之念，但最先要顾及的，仍是眼前的生死安危。而对于李清照和赵明诚来说，他们更为关切的，当是青州归来堂上的那些古籍珍玩。

至靖康丙午岁，侯守淄川，闻金寇犯京师，四顾茫然，盈箱溢箧，且恋恋，且怅怅，知其必不为己物矣。

——李清照《金石录后序》

靖康元年（1126）时，赵明诚出任淄州知州尚未满三年。他既不能擅离职守，也无法将青州的古籍珍物运来淄州。毕竟，一旦金兵来犯，终归都是无法保全的。更何况，伴随着朝廷的风雨飘摇，民间的叛乱也时有发生，面对着家中种种书籍藏品，夫妻二人虽然满心流连，却也满怀惆怅，知道终有一日，这些珍物都会散去。

靖康二年（1127）的初春，赵明诚收到了其母郭氏病逝的消息，这件不幸之事倒是给赵明诚和李清照眼前的危局带来了一个意外的转机。按朝廷规制，赵明诚须得离职丁忧。于是他在同李清照商量后，决定轻装简行，前往江宁，一面料理母亲的丧事，一面在南方安顿好居所；而李清照正可返回青州，将家中所藏之物分类清点，运往江南。

建炎丁未春三月，奔太夫人丧南来。既长物不能尽载，乃先去书之重大印本者，又去画之多幅者，又去古器之无款识者，后又去书之监本者，画之平常者，器之重大者。凡屡减去，尚载书十五车。

——李清照《金石录后序》

这恐怕是李清照人生中第一次所面临的重大抉择：归来堂上的一切珍藏都是她和赵明诚大半生的心血，是他们节衣缩食，一件一件搜求而来的。或许在李清照的眼中，这些珍品就如同她的诗词篇章一样，都像是至亲的骨肉。

然而，大灾将至，李清照只能痛下决心。她深知，归来堂上的珍藏是不可能都带走的，只得先把书籍中卷帙浩繁且十分笨重的先放弃掉，又去掉了书画中重复相似的作品，随后放弃了一些没有款识的古器玩物。至此所剩仍然过多，李清照只得又把国子监刻本的书籍都留下了，还有许多技艺平常的画作，再有几件过大过重的鼎彝器物。经过几番削减，最终，李清照仍旧装载了十五车的书籍古玩藏品。

然而，就在李清照终日忙碌，盼着能尽快将家中所藏转送至南方之时，大宋王朝却先一步分崩离析了。

一年前，金国兵围东京时两国达成了和谈，但随着后续交割三镇以及种种谈判的波折，金国的耐性在不断被消磨。同时，他们也越发看到了宋王朝的软弱，彻底明白：对于这样的朝廷，与其和他们谈判要钱，不如直接抢夺方便。

外患不能平息，而朝内也动乱不止。为了上交给金国的赔款，官府开始在民间大肆搜刮，要求百姓们毁家纾国难，将所有金银财物统统上缴，但即便如此，也未能凑足巨额的赔偿金。

靖康二年（1127）正月，朝廷里正旦岁首的庆贺还未结束，百姓们却放火烧掉了几个衙门官宅，开始了反抗。但可笑的是，宋钦宗为了缓和民情，竟下旨开放艮岳，让百姓们可以进入园中砍伐树木御寒。一时间，东京竟成了一座乱城。所有人都在抢夺艮岳中的树木,那些奇花异草被掠走,亭台楼阁也被拆毁,其中不乏许多豪强贼寇,竟趁此国难盗走了许多珍奇之物。而在这放纵的暴乱中,更多的无辜百姓被打死、被砸死,更多的人因为无粮可食,开始食人肉。

随后不久,为了补足给金人的金银,朝廷竟然将皇宫内的玉册、车辂、冠冕等器物统统拿去抵押,接着又将教坊乐工以及宫中女官乃至脱籍从良的倡优也充作了抵押之物。满是春寒的东京城内,回荡着女人们震天动地的哭喊声。

可这些,都没有换来大宋朝廷君王臣子们的尊严和自由。二月初六那日,宋钦宗在和几位将帅臣子打马球时,金太宗完颜晟派人送来了《废国取降诏》。

一百六十七年的大宋王朝被金国给废除了。刚刚从扬州回到东京不久的太上皇宋徽宗和他的儿子宋钦宗一起,成了亡国之君,连同他们的后宫妃嫔、皇子皇女、文臣武将们,最终于四月初一被撤离的金兵部队押往金国都城会宁府(今黑龙江哈尔滨阿城区)。在金太宗完颜阿骨打陵寝前,徽、钦二帝被扒去衣服,披着新剥的带血羊皮,一步一磕头地绕着陵墓叩拜,完成了金太宗完颜晟的献俘之礼。

与此同时,曾经陪同康王赵构前往金国为人质的太宰张邦昌,在金人屠城的威胁下,被强立为大楚皇帝,接管了东京城和一个残缺的朝廷。

而那个从金人手中侥幸逃脱的康王赵构,因为在东京围城时是宋徽宗唯一在外的皇子,故而被授河北兵马大元帅一职,命其号召天下兵马,勤王救驾。谁知,赵构却带着有限的兵将移屯大名府(今河北邯郸大名),继又转移到东平府(今属山东泰安东平),以躲避金人锋芒,并在宋徽宗和宋钦宗被掳北上后,很快于南京应天府(今河南商丘)即位称帝,甚至当年便改元建炎,是为南宋立国之君宋高宗。

尽管当时张邦昌主动逊位,将东京城还给了宋高宗,但这些都没能让宋高宗坚定坐镇都城的心。这位传说中可挽弓至一石五斗的神勇之君根本顾不上带兵抵御再度南下的金兵,他早早地盼咐了成都、襄阳、江宁府(今江苏南京)、扬州等南方重镇储备资粮，修筑城垒，以备巡幸——实则就是为了逃亡。

宋钦宗靖康二年，或者说是宋高宗建炎元年（1127）八月，身在江宁府的赵明诚被任命为江宁知府兼江东经制副使，成了宋高宗赵构南逃朝廷的重要官员。

对于当时的赵明诚乃至赵家而言，这似乎已是不幸之中的万幸。至少，归来堂上的那些金石碑刻、古籍珍玩终究有了安放之处。

是年十月初一，宋高宗乘船南下，前往扬州。无数家本中原的臣子百姓，或是为了朝廷大业，或是为了保全性命，也纷纷追随着皇帝的身影，开始了漫漫的南渡奔逃征程。

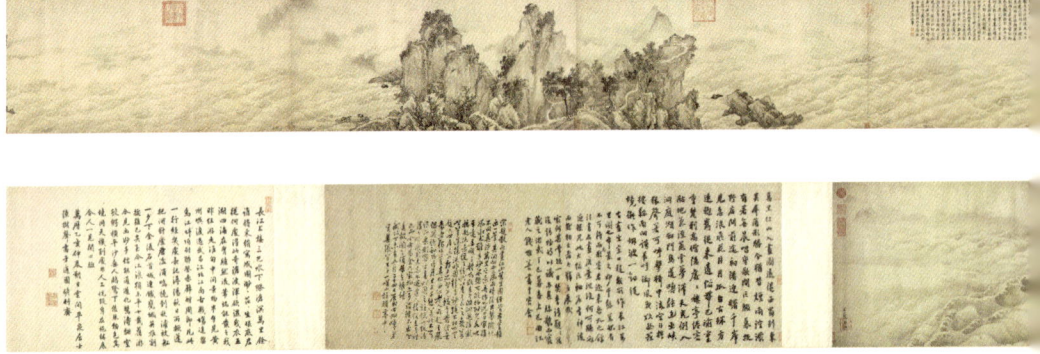

[宋] 赵黻 长江万里图

而李清照，则看护着她好容易才收拾出的十五车书籍箱笼，也向南方行进。她先到了东海海州（今江苏连云港），随后又雇船渡淮水，过长江，足足走了两三个月才到江宁。

可谁承想，就在李清照南下的途中，那些锁于青州归来堂上准备来春再行搬运的书册什物，在金人南下、兵变四起的战火中，统统化为了灰烬。与此同时，西京洛阳也沦入金人之手，被一把火烧光。李格非《洛阳名园记》中的谶言，如此之快地就得到了历史的验证。

至于此番南渡，也彻彻底底地改变了李清照的命运。

第五章

JINAN 济南故事

临江仙
——山河破，故国生死离恨

春归秣陵树，人老建康城

宋高宗建炎二年（1128）的初春，李清照从遥远的中原大地来到了烟雨江南。

然而，就在船至镇江时，恰有聚众起事的张遇等乱贼，意图由此进犯江宁府。镇江知府钱伯言弃城而去，满城百姓惊慌无助，任凭贼人烧杀抢掠。当时，宋仁宗之女秦鲁国大长公主亦从东京城避祸至此，其次子钱愕竟为贼兵所杀，家人亦大多被劫掠而去。

在这巨大的惊恐之中，李清照万幸地保住了所有的藏物。在张遇等贼人被击退后，她便一刻不敢多留，要尽早与丈夫团聚，前往那"六朝旧事随流水"的江宁府。

当船只自京口瓜洲之间的江河逆流而上时，浩浩荡荡的长江水恐怕也不能涤荡李清照心头的悲愤和痛楚，以及那莫名的愤怒。她又想起了父亲李格非在世时对于古来兴亡的评论，想起了唱和张耒先生《读中兴颂碑》时众位叔伯对唐玄宗酒色误国的议论，想起了自己也曾经有过的慷慨言论。

南来的途中，李清照曾听说当日东京城遭虏，无数女子以死相抗，更当街大骂那些朝臣，亡家败国后竟然要以柔弱女子去抵债！堂堂皇朝，有这么多文武能臣，都是饱读诗书的风雅士子，为何就不能辅佐君王振兴朝纲，为何竟能亡丧至此！

一时间，李清照只觉心潮涌动，面对着滚滚江涛，呼啸出那千古的诗篇。

乌 江

生当作人杰，死亦为鬼雄。

至今思项羽，不肯过江东。

李清照蜡像之流寓江南

生时要成为人中俊杰，死后也要做鬼中英雄。今时今日让人不由得感慨项羽，宁死也不愿逃回江东。

这是李清照对君王的嘲讽，也是她对王侯将相的嘲讽，但似乎也是对自身的无奈。毕竟，李清照也无法成为那个扫荡敌酋的豪杰，她只是个手握寸毫的女子。若不是因为家中尚有财力、物力，可以让她带着这如许多的家藏向南逃奔，江宁还有丈夫安顿好的居所，恐怕她连一己之身都保不住，就如同那些无处可逃，只能沦落为金人奴仆的中原百姓。

虽然分别才数月，但却恍惚如三秋。当李清照和赵明诚于江宁府再度相见时，只怕彼此都是华发新添。望着李清照千里迢迢载运而来的十五车书籍珍玩，赵明诚恐怕亦有劫后重逢之叹。

在这些珍藏里，有一幅蔡襄的《赵氏神妙帖》。这是当年在东京城时，赵明诚和李清照花费了两百千钱才得来的。前番青州遭遇兵变，李清照外出避难时便将此帖随身携带，这南来的一路上，亦是不曾离身，这才完好地保存下来。

三月初十这天，风中的潮湿阴冷终于褪去，江宁总算是有了些春色。夜来秉烛，赵明诚与李清照再观《赵氏神妙帖》，又别是一番滋味在心头。赵明诚题跋在上，记录下这一年多来的坎坷心酸，而那烛台上摇曳的火光，却再不似归来堂那般明亮，反倒越显晦暗。

此时的中原，仍是一片喊杀之声，战火频烧。金国分兵三路，大举南袭，不断侵扰东京城周围，而宗泽、韩世忠等宋室忠良之将率兵抵御，只盼能守住哪怕一寸一毫的疆土。至于刚刚坐稳了龙椅的新君赵构，却躲在扬州的春色妖娆里，享受着他的太平安稳。

当是时，因中原天气转暖，金人开始北撤。大将宗泽认为此乃北伐的绝佳时机，一旦制敌便可夺回中原。但是，宗泽精心制订的计划却迟迟没有得到朝廷的回应，而年将古稀的宗泽也因背疽发作，含恨离世，临终前仍然连呼三声"过河"。

宗泽去世后，赵构任命大将杜充为东京留守。这个自认为是韩信在世，实则好大喜功、全无才能的人,曾在坐镇大名府(今河北邯郸大名)时不思御敌之策,只知开决黄河大堤以图阻挡金兵。谁知此举非但没有抵挡住敌军,反致使无数百姓死于水患,两淮地区瘟疫横行。而当杜充成为东京留守后,宗泽的北伐计划便从此成为泡影,中原地区的民间抗金力量反倒成了杜充剿灭的对象,而彼时不得不听命于他的,正是日后大名鼎鼎的名将岳飞。

来到金陵已快一年,但李清照觉得这里的日子似乎都是熬着过来的,她甚至连填词作诗的兴致都没有了。

记得荆公王安石生前与江宁府颇为有缘,其父王益晚年任江宁府通判并卒于任上,故而王家在此地亦有旧宅。王荆公曾三度任职江宁府,并最终逝于此地,与其父母都归葬钟山脚下。

江宁之于王荆公,一如青州之于赵明诚、李清照,二人仰慕前辈风采,也曾去半山园内拜谒旧居。当初,李清照曾于《词论》里点评王荆公,称其填词太过沉重,犹如考场士子写策论一般。而今登临古城,忽才发现,那《桂枝香·金陵怀古》里"千古凭高对此,漫嗟荣辱。六朝旧事随流水,但寒烟、芳草凝绿。至今商女,时时犹唱,《后庭》遗曲"之句,意境高远,见解高超。

年关已过,元宵将近。这一日,恰逢江宁大雪,李清照推窗北望,但见钟山之上,一片皑皑,别是一种苍茫景象。待回首时,唯有府衙后宅,重重庭院,不觉心头烦闷。

天上的雪仍在洒落,因江宁湿寒,落雪也不似中原那般吹绵扯絮,点点滴滴都似水晶,仿佛冰雨。李清照因唤丫鬟取来斗笠蓑衣,开了角门,向着城西

[宋] 高克明 溪山雪意图

而去。

若说在江宁有什么事可以让李清照稍稍心宽的,那便只有登城寻诗之事了。李清照最爱的,当是江宁西北城垣,站立此间,可远眺滚滚长江之壮阔,亦可遥望钟山之巍峨,江宁城景,尽在眼前。而当此大雪天气,城垣上下更是披银裹素,江水如练,岂不快哉!然而,今日登城,李清照的诗情仿佛被什么给阻住了。

失 题

南渡衣冠少王导,北来消息欠刘琨。

又

南来尚怯吴江冷,北狩应悲易水寒。

中原沦陷,衣冠南渡,可惜这个朝廷的文人士子里少了晋室南迁时王导那般的人物,可以稳固这半壁江山。北方的杀场上频频传来战事消息,可如今的朝廷哪里还有刘琨那样平定乱世的将军。

千里南迁,身在江宁,李清照只觉得这江水太过寒冷。可再想想被金人掳往塞北的二圣,在遥远的易水河畔,岂非比她此时的境况更为苦寒?

沿着城墙缓行了半日,李清照口中反复斟酌酝酿的,似乎只有这两句诗。她知道,这是自己心底的声音,可是再想就着这两句配成诗篇,却怎么也不能够了。她想不若赶紧回去同丈夫赵明诚商量,可随即便又兴致全无。

如今的江宁知府赵明诚已不似往日在莱州、淄州时那样自由了,江宁府乃是守卫天堑的第一府城,多少防御之事须得赵明诚操心。更何况,当今圣上就在两百里外的扬州城,江宁府本也是预备皇帝巡幸之所,行宫的修缮更要用心。这一年来,除了表兄谢克家命其子谢伋送来唐时阎立本所绘《萧翼赚兰亭图》求评鉴外,夫妻二人几乎很少有时间坐在一起谈诗论文、评书观画了。

这些都给李清照带来了更深的苦恼:她自然知道这是为人臣子应当做的事

情,更何况中原已经沦丧,总不至于所有人都得哀戚地过下去。可身为大宋子民,面对着国破家亡之境,难道就不该存着悲恸之情,难道就不该念着豪壮之心?如若上至君王,下至庶民,都能有一份宁死不做亡国奴的心劲儿,这天下局面是否会是另一番模样?

然而,这些终归是李清照存在心中的一个想象,她终究不是男子,终究上不得朝堂,论不得国事,更杀不得敌寇。若说往昔太平岁月时男人们都认定诗文非女子之事,李清照不肯相信,偏要去争一争。可眼前这种战乱时局,李清照该如何去争?

自从去年七月大将宗泽辞世后,朝中便再也听不到任何关于北伐的消息了。到了八月间,天气一经转凉,金人铁骑便又卷土重来,中原诸城一一沦陷,全靠些仅存的忠勇之士在严防死守。到了此时,长江之南,扬州城内依旧歌舞升平,江宁也是忙着过节燃灯。偌大的城池中,似乎只有李清照还在惦念着北方的家园。

怀着种种惆怅,李清照回到了府衙之中,当她穿越那一重重院门,来到自己的书斋小屋时,不由想起欧阳文忠公《蝶恋花》词:

庭院深深深几许,杨柳堆烟,帘幕无重数。玉勒雕鞍游冶处,楼高不见章台路。

雨横风狂三月暮,门掩黄昏,无计留春住。泪眼问花花不语,乱红飞过秋千去。

欧阳公的《蝶恋花》堪称闺情词的佳作,将深闺女子的处境描摹得何其精妙。但对李清照而言,她只钟爱这开篇的"庭院深深深几许"之句。如今,她要用这一句重新开篇,重写一段别样的闺阁情绪。

临江仙

欧阳公作《蝶恋花》,有"深深深几许"之句,予酷爱之。用其语作"庭院深深"数阕,其声即旧《临江仙》也。

庭院深深深几许？云窗雾阁常扃。柳梢梅萼渐分明。春归秣陵树，人老建康城。

感月吟风多少事，如今老去无成。谁怜憔悴更凋零。试灯无意思，踏雪没心情。

[宋] 燕文贵 层楼春眺图

一重又一重的庭院，不知其有几多深，云雾缭绕的楼阁上，门窗经常锁闭。抬眼处，柳梢吐绿，梅萼渐绽，东风的消息似乎已渐渐分明。春天终于要再度唤醒这秣陵古都的草木，可远离故土的我，恐怕要老死在这空冷的建康城。

回忆往昔，不知有多少感月吟风的诗词往事，自以为欢喜。如今老去，才觉得自己原是一事无成。到此间，还有谁会怜惜容颜的憔悴与心绪的凋零。在这上元佳节来临之日，出门赏灯全无意趣，踏雪吟诗也没有了心情。

如若说，欧阳公《蝶恋花》中所写的仍旧是寻常女子的闺中寂寞，那么李清照的《临江仙》里，已然增添了更深层的人生感慨。欧阳公笔下的闺中人，只在乎负心郎的章台游冶和自家的泪眼问花,而李清照这个不同寻常的闺中人,惦念的却是去国离乡,人间飘零。

这当是李清照在江宁府内度过的唯一一个元宵佳节。六百余年的元宵灯会本是江南诸城里最隆重的节日庆典,有着"南油俱满,西漆争燃;斜晖交映,倒影澄鲜"的盛景。可惜,这些终成了李易安词中的"无意思""没心情"。

更重要的是,李清照心底的忧惧,很快就变成了现实。

建炎三年(1129)正月,在河南府一带守卫皇陵的岳飞奉命返回东京城,却被东京留守杜充要求先行驱散驻扎在东京城周边的张用、王善等人。岳飞深知,这些人虽然是出身绿林的匪贼,但此时却是保家卫国的豪杰,不愿自相残杀。杜充便以军法问斩之罪相威胁,勒令岳飞出兵。

无奈之下,岳飞只得以八百人击退张用、王善部众数万,而与此同时,金人却在中原连攻数城,徐州、淮阳、泗州等纷纷落入其手,眼看着就要直奔长江而去。

二月初三,金兵的前锋部队攻陷天长(今安徽天长)的消息传至扬州,正在寻欢作乐的宋高宗惊慌失措,当即下旨移驾,仓皇渡江,直奔着临安城(今浙江杭州)而去,丢下一干守卫长江天堑的大小官员将领,还有人心惶惶的江南百姓。

当时,率军驻守江宁的乃是御营统制官王亦。他因见朝廷如此混乱,便有心反叛,但却被江东转运副使李谟察觉。李谟一面假作不知,稳住了王亦,一面将此事报告给了知府赵明诚。

赵明诚大约是已经得到了一些消息,知道朝廷准备调他改任湖州,好追随皇帝而去。故此,赵明诚没有将王亦反叛的事放在心上,甚至以为,王亦想要谋反是异想天开。

然而,王亦的行动却远比赵明诚猜想的要快得多。几日之后,王亦便命一些亲信兵卒埋伏在城中巷道,用栅栏阻挡住各处防守隘口,打算一举拿下府衙等驻所。

夜半时分,王亦命人在天庆观纵火为号,一同发动进攻。但因李谟等人早

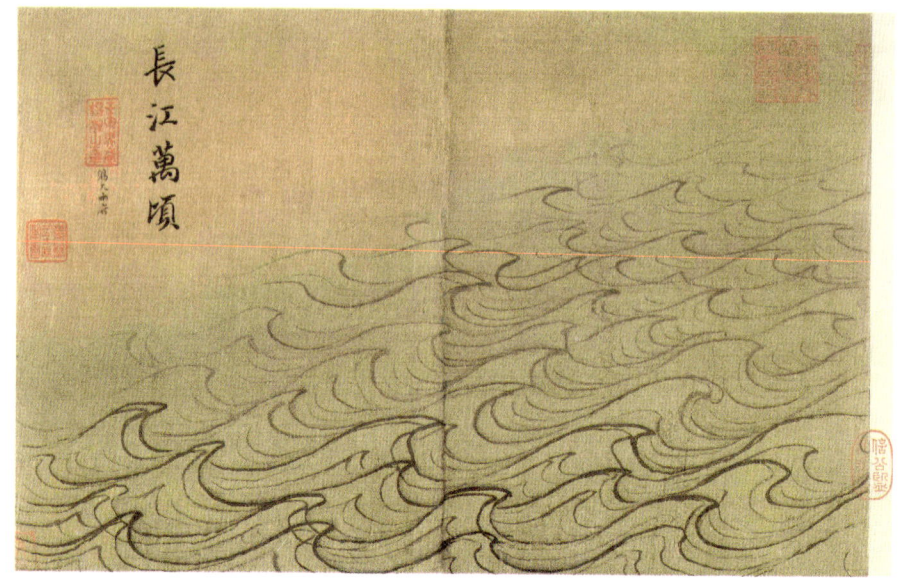

[宋]马远 长江万顷图

有戒备,一见火起,驻守军队便立刻出动了。王亦见此情境,知道再难成事,便急急忙忙地撤退,砸开了城墙南门逃亡而去。

这一场暴动很快被平息了,待到天明时查访各部人员,却不见了知府赵明诚、通判毋丘绛以及观察推官汤允恭等人。再经有司仔细查问,方才知道,这三位江宁府的执政长官,竟然在暴乱初起时用绳子从城墙上坠下,趁夜逃跑了。

这恐怕是赵明诚一生都洗不去的污点,也是李清照对丈夫最失望的一件事。对于李清照而言,她和赵明诚本都是淡泊名利的读书人,诗书为伴,金石为乐。或许,她从未奢望过丈夫能够封侯拜相、匡扶社稷,也不盼着他驰骋沙场、剿灭金酋。

但是,纵然赵明诚做不成张良、萧何、韩信那样的人杰,身为官宦子弟,身为儒生士子,他总该"行可以为仪表,智足以决嫌疑,信可以守约,廉可以使分财,作事可法,出言可道"。

李清照还记得,就在三年多前的淄州任上,赵明诚也曾指挥官兵,斩获了叛变的贼人。为何如今，他反成了一个缒城而出的逃兵，竟将这一城的安危置之不顾？

也许，赵明诚是真的怕了。尤其是在经历了丧国之痛后，在看到君王也如丧家之犬落荒而逃的时候，年将半百的赵明诚意识到，自己终究也只是个凡夫俗子、文弱书生。作为文人的李清照自然会怨恨甚至鄙视赵明诚的举动，但作为妻子的李清照，或许会在心里某个柔弱的地方，选择了谅解。

很快，赵明诚因为他的临阵脱逃而被降官二等，罢去了江宁知府之职。于是，李清照一如当初在青州之时，领着有限的家人奴仆，迅速地收拾好那十五车的书籍箱笼，乘船入江，离开了寄居仅一年有余的江宁府。

建炎三年（1129）的暮春，载着李清照和赵明诚一切身家的船队逆着滔滔的长江之水，向西而去。他们上芜湖（今安徽芜湖），入姑孰（今安徽当涂），打算前往赣江（今江西赣江）一带定居。可夫妻二人一路上的心情，却无从可知。

当船只自江宁府城西入江，南行十数里后，便来到了一处江心洲头。这里正是晁补之曾经向李清照提起过的烈山，他说此间风光当是"山如浮玉一峰立，江似海门千顷开"。而沿着洲头西侧再行数里，便可见到当年西楚霸王项羽自刎归天的乌江亭口。只是这一段路，赵明诚和李清照都想快些通过。

对于此时的赵明诚来说，恐怕心里是五味杂陈的。而李清照更是几多尴尬，她大约也从未想到，自己最亲最爱的枕边人，那个与她诗书相伴的闺中友，竟然成了自己诗作里所讽刺的对象。再思及前番踏雪城垣所寻得的那两句诗，李清照的心境就更为寥落了。

不过，命运的又一次转折，就在此时降临到了李清照和赵明诚之间。

就在李清照与赵明诚驾舟西去之时，西子湖畔的临安城内发生一次更为严重的兵变，即位未满两载的宋高宗赵构竟被迫禅位，以求自保。

当时，因宋高宗一路南逃，跟随其左右的内侍省押班康履等宦官皆是骄奢淫逸之人，而深受其宠幸的御营都统制及枢密使王渊，更是在南逃途中借口为皇帝断后，趁机聚敛钱财，强占民宅，使得百姓们敢怒而不敢言，更激起了军中一些将领的痛恨。

其中，扈从统制苗傅自认苗家三代从军，祖父苗授在宋神宗元丰年间曾为殿前都指挥使，世有功勋。而威州刺史刘正彦亦不满王渊和宦官狼狈为奸，对此辈依靠谄媚获得高官极为不满。于是，他们在军中暗暗散播各种怨愤之语，挑起军士们对奸臣昏君的怨恨。

彼时，韩世忠、张浚等人都驻守在外，宋高宗的随身护卫基本上都掌控在苗傅和刘正彦手中。故此，苗傅与幕僚王世修、张逵等人议定，先杀了王渊，再除宦官，以清君侧。

就在三月二十六日宋神宗忌日这天，宋高宗率文武百官焚香祭祀。苗傅和刘正彦事先埋伏下兵马，一举拿下王渊，以其结交宦官、意图谋反之名就地正法。随后，二人率军大肆捕杀宦官，围攻皇宫。而守卫宫门的中军统制吴湛等人也认为苗傅是为了天下除害，将其放入宫中。

面对苗傅、刘正彦的刀兵，宋高宗无以为抗，只得乖乖听从了二人的条件。宋高宗请来隆祐太后，也就当初被宋徽宗废去元祐尊号的宋哲宗皇后孟氏，以其名义命宋高宗禅位，拥立年仅三岁的皇子赵旉为帝。

尽管苗傅、刘正彦的兵变极为神速，但他们并不善于主理朝政，更不懂得如何应对时局。几天之后，张浚、韩世忠等人纷纷得知临安兵变之事，立刻传檄天下勤王，赶往临安。

至此，苗傅、刘正彦大为惊恐，赶忙奏请复辟，宋高宗又复大位。而苗傅、刘正彦尽管预先讨得一份所谓的丹书铁券，却还是死在了韩世忠的手下。

此事过后，宋高宗大约是有些忌惮临安这个不祥之地，遂传旨移驾江宁府，驻跸于宫观神霄宫中，又改府名为建康，修建宫殿，打算以此为朝廷东都。大约正是因此，令宋高宗想起了前任江宁知府赵明诚，又或者是朝中无人可用的局面让他无从选择，故而一道任命赵明诚为湖州知府的圣旨从建康府发出，一路向西直追，终于在池阳（今安徽池州）追到了赵明诚夫妇的船队。

夏五月，至池阳。被旨知湖州，过阙上殿。遂驻家池阳，独赴召。六月十三日，始负担，舍舟坐岸上，葛衣岸巾，精神如虎，目光烂烂射人，望舟中告别。余意甚恶，呼曰："如传闻城中缓急，奈何？"戟手遥应曰："从众。必不得已，先弃辎重，次衣被，次书册卷轴，次古器，独所谓宗器者，可自负抱，与身俱存亡，勿忘之。"

——李清照《金石录后序》

  颁给赵明诚的圣旨不仅仅让他出任湖州，更命其先行前往东都建康，赴阙上殿，面见君王。在"缒城而逃"的巨大耻辱面前，在承受了无数指责和自责后，对于赵明诚来说，这一道圣旨，不仅仅代表着当今皇上对他的宽恕，更意味着他可以重新开始。赵明诚当即决定在池阳暂驻，匆匆忙忙地安排了家中事务，便要独自奉旨入朝。

  六月十三日这天，赵明诚收拾了简单的行装，离舟登岸，坐在一边。他穿着一件葛布素衣，掀起了前额上的头巾，大有少年时当衣买碑的洒脱风采。李清照看着精神如虎的赵明诚，他那明亮的目光直投向船上来，同众人一一作别。

  不知怎的，这一刻却让李清照感觉极为惶恐不安，似乎比当初金兵南侵中原沦丧时还可怕。她甚至不敢跟赵明诚告别，总觉得此一去凶多吉少。直到赵明诚上马欲行，李清照这才回过神来。她向着赵明诚大声呼喊，问他，如果将来池阳城中发生变故该如何处置。

  赵明诚的情绪极为激动，他伸出食指和中指作画戟状，高声回应，若是发生变故，便要李清照跟随众人一起逃命。万不得已时，可以先丢掉笨重的物件箱笼，然后再丢掉衣服被褥一类，再者可以扔掉书册卷轴和一些古玩器皿。但唯有那些用以宗庙祭祀的礼乐之器，哪怕是亲自背着、抱着，也不可丢弃，要与之共存亡。

  随着岸边身影的离去，李清照的脑海中只回荡着赵明诚关于那些家藏珍品的嘱托，还有恳切坚定的三个字："勿忘之。"

愁损北人，不惯起来听

南歌子

天上星河转，人间帘幕垂。凉生枕簟泪痕滋，起解罗衣聊问夜何其。
翠贴莲蓬小，金销藕叶稀。旧时天气旧时衣。只有情怀不似旧家时。

天上银河已悄然转移，夜来人间家家户户都垂下了帘幕。寒凉的秋意自枕簟生起，而眼泪已打湿了竹席。起身解开罗衣，不觉怅然自问，如此沉夜，究竟何时才能天明？

衣服上贴翠而成的莲蓬是那样小，销金而成的莲叶竟也显得稀疏了。这天气，这衣裳，都如同旧时一样，唯有心中情愫全然不似往昔。

自赵明诚独自奔赴建康后，李清照便在池阳落脚暂驻。她应当一直停留在家中行船上，连在城内租下一间房舍的念头也没有。李清照不敢甚至是不愿将这里当作可以栖居的家，她知道这不是自己最终要去的地方，却也不知道自己终将去到那里，那一船船的家藏更不敢随意卸下。

尽管这不是李清照第一次独自承担起携家逃亡的重任，但此间情境已与早前不同。两年前南奔时，尽管路途遥远，但李清照却还有个心向往之处，赵明诚正在江宁等着她。而今，赵明诚留在了身后的建康，李清照带着如许多的物件箱笼，却不知前路究竟在哪里。此时的她，就像这大宋朝廷一样，前途未卜，命运难定。

苗刘兵变后，东京留守杜充便下令驻守东京城的兵马南撤，前往建康。他表面上是为了勤王救驾，实则是为了尽快离开中原战火，而彼时守备东京的，正是刚刚凭借军功被授为武德大夫的岳飞。

岳飞向杜充苦谏，认为中原土地一寸不可失。更何况，东京城仍牢牢掌握在宋军手中，一旦撤军，便会被金人彻底占领。那时再想收复，只怕难上加难。

可杜充全然不理会岳飞的谏言，坚命南下，岳飞只得遵从。而宋高宗见到杜充如此归来，非但不怒，甚至认定他是忠心赤胆，竟擢其为右相，将长江防务悉数交给了杜充。与此同时，宋高宗亦派出使臣，向金兵统帅完颜宗翰呈送了一封《与元帅书》。

书信中，宋高宗悲叹自己身为小邦君主，一年之内，"自汴城而迁南京，自南京而迁扬州，自扬州而迁江宁"，可谓是"守则无人，奔则无地"。他每日里鳃鳃过虑，只盼着金国能够哀怜几分，不再领兵南攻，让宋廷留有残喘之地。此后，宋廷岁岁进贡，对金国亦是长远之计，总比竭泽而渔强多了。

然而，无论宋高宗态度多么谦卑，言辞多么恳切，金人都丝毫没有动心，数万铁骑横行于中原，向着江南步步逼近。

在池阳停留了两个多月后，李清照与赵明诚分别时的隐忧终于成真。七月底，她接到了来自建康的书信，道是赵明诚已卧病在床，这让李清照胆战心惊。

七月末，书报卧病。余惊怛，念侯性素急，奈何。病痁或热，必服寒药，疾可忧。遂解舟下，一日夜行三百里。比至，果大服柴胡、黄芩药，疟且痢，病危在膏肓。余悲泣，仓皇不忍问后事。

——李清照《金石录后序》

赵明诚自池阳赴建康时，正是大暑天气。彼时的他，心中正怀着前所未有的渴望成就功业的热情，故而一路狂奔，却在抵达建康时感染了热疾。

三十年的结发夫妻，李清照太了解自己的丈夫了。赵明诚是个急性子的人，每每患了疟疾或热症，都一定会服用大寒的药物去压制，此举极为伤身。往昔李清照守着赵明诚时还可劝解一二，如今丈夫身边无人，李清照自然忧虑万分。她顾不得其他，急忙解开船缆，入江东去。好在是秋风西来，顺江而下，一个昼夜便走了三百余里，终于赶到了建康。

然而，赵明诚果真已经服用了许多柴胡、黄芩一类的药物，疟疾和痢疾二症齐发，早是病入膏肓，医药难治。当此之时，李清照仓皇无措，多少身后事都不再忍心问起。

添字丑奴儿

窗前谁种芭蕉树，阴满中庭。阴满中庭。叶叶心心，舒卷有余情。

伤心枕上三更雨，点滴霖霪。点滴霖霪。愁损北人，不惯起来听。

不知是谁在窗前种下的芭蕉树，如此繁茂，遮蔽了整个庭院。那一片片舒展的阔叶和正从卷曲中伸展的叶心相互依偎着，似乎有着无限的情愫。

三更时分落下了点点细雨，让人枕畔听了越发伤心。这滴滴答答的落雨声音，真教我这北方之人听不惯，满怀的伤痛愁绪，只得披衣坐起。

宋高宗建炎三年（1129）八月，或许就是在中秋佳节的那一天，李清照和丈夫赵明诚一同度过了最后一个团圆节。有多少往事，尽皆涌上心头。

望着病榻上的赵明诚，李清照或许会想起二人少年时的初识，想起新婚时的甜蜜；想起赵明诚自太学告家归家，从大相国寺里买回的时鲜果子，还有当去了一身衣服才淘换回来的碑石。李清照更会想起夫妻二人屏居青州的日子，归来堂上那十数年的美好时光，每日饭后赌书泼茶的闲趣。

记得那时，夫妻二人都说，若能一生如此，便甘心老死在青州家园。谁承想，到如今山河憔悴，国破家亡，仓皇南渡，落魄飘零。他们最终竟要在这六朝烟水的建康城内生离死别，而那七尺之棺不知何时才能重归故乡。

八月十八日，遂不起。取笔作诗，绝笔而终，殊无分香卖履之意。

——李清照《金石录后序》

八月十八日，赵明诚已然不能起身。他唤人取来笔墨，写下了临终绝笔，览其心意，却不像那些庸俗之家，担忧着分发家财、遣散妾婢诸事。赵明诚唯一放心不下的，仍旧是那些古籍珍玩、金石碑刻。而从赵明诚撒手人寰的那一刻起，四十六岁的李清照不仅仅成了丧夫之孀妇，也成了整个家庭的支柱。那些跟随她而来的家人奴仆，那些装载着的家藏珍物，都成为了李清照的责任和负担。也正是从那时起，李清照的生命里，她的诗词文章中，更增添了一种难以遏制的沉重，单从她为赵明诚写下的祭文里，便可窥见一二。

白日正中，叹庞翁之机捷；坚城自堕，怜杞妇之悲深。

——李清照《祭赵湖州文》

唐朝时有居士庞蕴一家，皆深信佛法。庞蕴将要圆寂时，嘱咐女儿庞灵照，待看到日头正午时便告诉他，正是他归去的好时候。庞灵照察看天色便告诉父亲，日头已到正午，可是却有日食。庞蕴听此便也出门观看，谁知女儿却趁机坐到了父亲的位子上，合掌坐化了。庞蕴见此，不由感叹女儿的机智敏捷，竟然先得了佛法机缘。

春秋齐国杞梁殖之妻，因丈夫战死沙场，遂成了一个"上则无父，中则无夫，下则无子"的嫠妇。她内无所依，外无所倚，只得在城墙之下守着丈夫的尸身痛哭，竟使城墙崩塌，其悲深可知。

今时今日的建康城内，李清照与丈夫天人永诀。赵明诚先一步而去，自是了无牵挂，却丢下李清照独自面对身后诸事，孤独无依。那故事里的杞梁妻尚可以投淄水而亡，可李清照又如何能抛下这仅存的家业？即便这些不是丈夫临终前的殷殷嘱托，作为一个读书人，李清照也自知，那些书籍珍玩，都是她应当承担起的责任。

葬毕，余无所之。朝廷已分遣六宫，又传江当禁渡。时犹有书二万卷，金石刻二千卷，器皿、茵褥，可待百客，他长物称是。余又大病，仅存喘息。事势日迫。念侯有妹婿，任兵部侍郎，从卫在洪州，遂遣二故吏，先部送行李往投之。

——李清照《金石录后序》

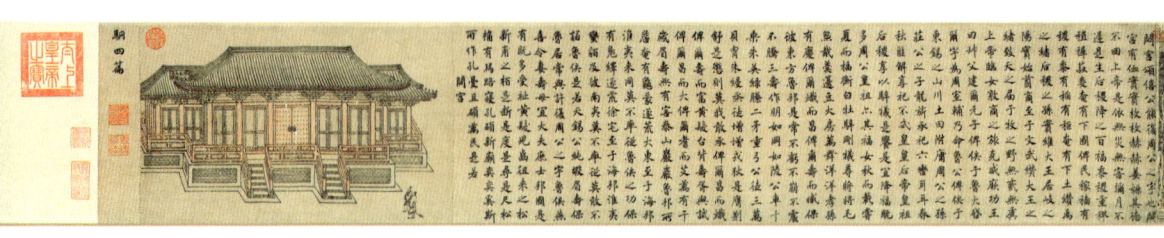

[宋]马和之 鲁颂三篇图（宋高宗书）

安葬了赵明诚后，孤独无依的李清照一时不知该向何处去。彼时，朝廷因金兵压境，未免尾大不掉，便先将后宫众人分散遣送至别处，而为防金人渡江，长江也全部禁渡。李清照大病之中，一心牵挂的仍是家中所藏的两万卷书册，两千卷金石碑刻的拓本，还有数百件器皿、被褥等物品。如若不能尽早转移，只怕都不能保住了。

然而，就在这种种忧愁惶恐间，却发生了一件匪夷所思之事。

赵明诚逝后月余，忽有一个名叫王继先的内廷医官，拿着三百两黄金寻上门来。王继先是个狡黠诌媚之徒，早前因为治好了宋高宗的病症而获得宠信。他此番前来，竟是想买下赵明诚所藏的古器。

这顿然教李清照心惊肉跳。她害怕的不是王继先，而是王继先背后的宋高宗，当今的大宋皇帝。

同他的父亲宋徽宗赵佶一样，宋高宗赵构亦是一个喜好风雅、醉心书画的享乐皇帝。岁初，宋高宗刚刚驻跸江南时便数次发布诏书，要在民间搜集古书珍玩，有许多人因为献书献画而得了封官。

赵明诚家藏珍物之事，想必宋高宗早有耳闻。如今，赵明诚方才离世，宋高宗的亲信便已登门，要将这些古器悉数买下。李清照不知道，这是王继先的私欲，还是宋高宗的旨意。可无论是哪一种，李清照都不能答应，却又似乎得罪不起。

这便是所谓的世情冷暖，即便是曾经名震东京的才女李清照，最终也被人们当作一个柔弱无助的嫠妇去看待。仿佛一个女子，不管她有怎样的绝世才华，一旦失去了丈夫，她便没有了主心骨，可以任人摆布欺凌。区区三百两黄

金，便妄图夺走李清照和赵明诚一生的心血。

没过几天，时任兵部尚书的谢克家便向宋高宗进言，认为赵家毕竟世宦门庭，赵挺之也曾官居右相。如今，人人知晓圣上对王继先的宠信，如若任凭王继先作此举动，向赵家遗孀强买所藏古器，只怕会有损帝王圣德之名，故而希望宋高宗能出面干预此事。于是，宋高宗亲自批令三省，向王继先讯问前后因由，收买古器之事便不了了之。

诚然，作为赵明诚的姨表兄，谢克家不可能无端干涉此事。他定是受了李清照的嘱托，才在宋高宗面前婉转地表达了态度。但是，事情并不像世人所料想的那般简单。

尽管王继先强买古器之事看似与宋高宗无关，但这并不能让李清照全然安心。与此同时，李清照也意识到自己当下的困境：上无兄弟扶持，下无子嗣承业，一个孤寡之人带着如许多的珍品流寓在这乱世，这无疑是稚子抱金于闹市。纵然那些强权之人不加觊觎，草莽盗贼也定会抢夺。

彼时，赵明诚的妹夫、兵部侍郎李擢正在洪州护卫隆祐太后。而紧迫的时局促使李清照下定决心，先将部分家藏送往洪州（今江西南昌）。

独余少轻小卷轴书帖，写本李、杜、韩、柳集，《世说》《盐铁论》，汉唐石刻副本数十轴，三代鼎鼐十数事，南唐写本书数箧，偶病中把玩，搬在卧内者，岿然独存。

——李清照《金石录后序》

李清照派遣了两位可信的老仆，将分选出的物件行李先行送往洪州后，她身边所留的只有少量轻便的小卷轴书法画帖，手抄本的李白、杜甫、韩愈、柳宗元的诗文集并《世说》《盐铁论》等书籍，还有汉唐的石刻副本数十轴，十几件夏、商、周三代的鼎鼐，以及几箱南唐时的手抄书。

这些，都是李清照精心挑选后留下的。赵明诚离去后，她亦是大病一场，当此困顿境地，唯有这些物件尚可慰藉心灵。李清照将它们统统搬在卧室之内，亲自看守，更不由感叹，归来堂上的所有家藏竟只有这些岿然独存了。

谁承想，这些岿然独存的心爱之物，也终究未能留住。

似乎就在这月余之间，东都建康城中渐渐传开了一些闲言碎语。道是赵明诚有私通故寇之嫌疑，而起因竟是一只玉壶。

李清照这才想起，当日赵明诚病重，确实曾有一个名为张飞卿的人，带着一只玉壶前来拜访赵明诚。然而，赵明诚看过玉壶后，认定不过是一种质感似玉的石头，算不得珍品，那人便也就将玉壶带走了。

李清照不知道这只玉壶如何会跟私通故寇扯上关系。莫非是张飞卿的那只玉壶流落至金人手中，故而被认作是赵明诚献给金人的？可自张飞卿登门至今，不过短短两三月，玉壶怎么就落在了金人手里？莫非那张飞卿本就是金国的细作，拜访赵明诚之事被人发现，才由此诽谤？随后，人们私下里又隐隐约约地提及"颁金"之语，似乎和当初王继先强买古董有关，让李清照更加担心这些流言的由来。

大约还是谢克家这些亲友故交告知李清照，恐怕朝中有人以此为据，暗中向皇帝检举弹劾。纵然不能断定赵明诚通敌叛国之罪，但赵家一门之声誉、赵明诚之清白便都要毁了。

这对李清照而言，无异于晴天霹雳。可此时间，她仍不知事情的前后因由，即便想要申诉也无处可诉；想要装作不知，不了了之，似乎也不可能。在彷徨恐惧之中，李清照渐渐想明白了一件事：自从金人南侵、朝廷南逃的那一刻起，青州归来堂上的那些所谓的家藏珍物，就已注定不再属于自己。

且不论张飞卿在赵明诚垂危之际携玉壶登门拜访是不是有人早已预谋，但王继先拿着三百两金子来强买古器时，最终的结局已然写定。三百两黄金并不是个小数目，即便这一切都不是宋高宗所授意，如今看来，好像也是李清照不识时务。人们犹记得靖康二年（1127）时，为了交付答应金国的赔款，东京城内的百姓都将家中金银悉数上交，为何今日，李清照却舍不得这点家藏？

对李清照而言，这必然是一番天人交战的抉择，可她最终还是决定：为了丈夫赵明诚的清白，只能将家中所有铜器物件，统统进献给朝廷。然而，此时的朝廷，此时的大宋皇帝，却又早已不在建康城中。

自入秋以来，金军又兵分多路向南进犯。灭辽功臣、鲁王完颜挞懒领军进攻淮南，金国四太子完颜兀术则率军直攻江南，以期越过天堑，直捣临安城，彻底灭亡宋朝，占领整个大宋疆土。

就在金兵步步逼近江北时，宋高宗已然吓得赶紧从建康移驾临安，随后又逃往越州（今浙江绍兴）。至十一月初，完颜兀术已然占据了江北重镇和州（今安徽马鞍山和县）。

当时，完颜兀术与金将李成合攻乌江，直逼采石矶，建康城已遥遥可望。但镇守建康的江淮宣抚使杜充却深居衙内，不做任何军事防备。岳飞见此，便直入杜充内室，苦苦劝谏，杜充却不为所动。

随后不久，金兵果然渡江，直奔建康而来。杜充闻知，方才命令都统制陈淬率岳飞等将官，统兵二万奔赴马家渡迎敌，又派王㝢领一万三千人策应。谁知，正当陈淬、岳飞等人死战之时，王㝢却不战而逃。陈淬战死，诸将皆溃，岳飞苦战无援，只得退据钟山。而杜充，早又弃城而去，逃往真州（今江苏仪征），不久后更是向金国投降。

由此，大宋南都建康失陷。而李清照也在这危局到来之前，携带着那些"岿然独存"的藏品，匆匆踏上了南去之路。她必须要尽快将一些珍品献给朝廷，唯有如此，才能保住赵明诚乃至赵家的清白家声。而这时候，李清照唯一能想到的人，便是在敕令局任删定官的弟弟李迒。

实际上，尽管赵明诚已经病逝，李清照成了嫠妇，但她并非真的无处可依。作为赵家的儿媳，当赵明诚离世后，他的两位兄长赵存诚、赵思诚是应当承担起照料弟弟遗孀的责任的。

可自从朝廷南渡后，赵存诚和赵思诚都被委以重任。赵存诚为广东安抚使，赵思诚也趁此将家人都送至泉州（今福建泉州）定居。大约是李清照觉得赵氏族人所居之地山高水远，旅途太过艰辛，又或者有其他的原因使得她不太愿意去搅扰这两位兄长。故而，在赵明诚去世之后，李清照能够依靠的，便就只有还在吴越一带的娘家亲眷了。她已经竭尽所能，像赵明诚当初嘱咐的那般保护着所有珍藏，也曾存着"与身俱存亡"之心。

只是，如此乱世，这些珍品终将为李清照乃至赵家带来祸患，她也无法凭借一己之力，带着它们东躲西藏。如今，李清照唯一可以做的，便是携带着那些家藏珍物，哪怕从此江湖漂流，也要追上一直在奔逃的君王。

建炎三年（1129）十一月，金人攻陷建康城后，一面与留守的岳飞等将领交战，一面派出了一支精兵四千为先锋部队，向南追袭宋高宗，期望能将其活捉，一举灭宋。而彼时的宋高宗，则如丧家之犬，自临安奔越州（今浙江绍兴），又往明州（今浙江宁波）。

李清照的车马紧紧追逐着皇帝的脚步，却总是不能赶上。她的身后，则是追杀宋高宗的金兵。此中辛酸险阻，无人可说。随后不久，金人在十二月间攻下了洪州，李清照早前寄存在妹夫李擢之处的大半书籍珍品也都丢失了。

至此，三年前的归来堂上，那些由李清照辛辛苦苦挑拣出来，装了十五车，用整整一个船队运至江南的家藏之物，几乎都散作了云烟。所留存的，便只有李清照最后带在身边的"岿然独存者"。可她也不知道，自己最终能否保住这些仅有之物。

> 到台，台守已遁。之剡，出陆，又弃衣被。走黄岩，雇舟入海，奔行朝，时驻跸章安，从御舟海道之温，又之越。
>
> ——李清照《金石录后序》

当李清照为了将家中铜器进贡朝廷，追随宋高宗逃亡的路线时，这一段历史变得极为混乱起来。也许，彼时的李清照已经分不清时日，甚至不知道自己走过的地方究竟都是哪里。她原说想要去投奔弟弟李远，却又不知道在这段路途中是否能见到自己的弟弟。

李清照匆匆忙忙赶到台州（今浙江台州）时，守城诸将领为了躲避金兵，皆已逃遁。于是，她为避刀兵去到了剡县（今浙江嵊州），在那里弃船乘车，扔掉了多余的衣箱被褥，只求轻装南行。可等到追至黄岩（今浙江台州黄岩），宋高宗已然乘船逃入茫茫东海。无奈之余，李清照也只得雇了船只，入海而去，终于在海上追到了漂泊的君王和朝廷。于是，李清照跟随着御舟的队伍，从海上绕道至温州（今浙江温州），由此登岸，重返越州。

只不过，她那些打算进献给朝廷的器物，终究也没能进入赵构的皇家府库。

第六章

JINAN 济南故事

孤雁儿——哀江南，漂泊天涯难归

一枝折得，人间天上，没个人堪寄

宋高宗建炎四年（1130）的那个春天，恐怕是李清照生命中最灰暗、最艰辛的日子。

自中原沦丧、仓皇南渡，从未遭受过离乱之苦的李清照已经饱尝辛酸。可细究起来，在这乱世之中，李清照至少还能够保全一己之身。她没有像那些被金人掳走的女子，成为奴隶，受尽屈辱，毫无尊严；她也不似那些毫无依傍的平民百姓，茫然奔逃，连个落脚之处都没有，还要遭受官吏的盘剥。尽管寄居建康时心中常怀家国之恨，可相较于更多蝼蚁小民的遭遇，李清照已算是万幸。

然而，这仅存的幸运，也都随着赵明诚的离世在不断被瓦解。为了免遭诽谤，无损赵明诚的身后之名，李清照不得已痛下狠心，要将家中铜器物件进献朝廷。

在那个寒冷的冬日，李清照带着仅存的家藏，乘舟飘荡于江南的河湖之上，身边大约只有几个还算忠心的护院家人。战争的烽火已然烧至，百姓们或是四向逃亡，或是避居深山，流寇盗匪四处横行，行程中的每时每刻，都令人胆战心惊。如若此间出了差错，不但性命不保，家财丢尽，恐怕连最后一点清白风骨，都不得留存。

当李清照追寻皇帝御驾，千辛万苦赶到越州之时，宋高宗已然移驾四明（今浙江宁波）一带。彼时，金人追杀宋高宗的先锋队伍已经自建康出发。李清照待要继续追随朝廷，又恐途中遭遇敌寇，到那时，这满船的古器珍玩反倒更加危险。

（铜器）不敢留家中，并写本书寄剡。后官军收叛卒，取去，闻尽入故李将军家。所谓岿然独存者，无虑十去五六矣。

——李清照《金石录后序》

衡量利弊之后，李清照决意将进献朝廷的铜器和手抄本的书籍统统寄存于剡县，待自己轻装简行，追上皇帝，禀明实情后便可呈献。岂料，就在随后不久，朝廷的官兵在剡县一带捉拿叛逃的兵卒，这些铜器古籍便全部被缴没而去，落在了一位李姓的将军手中。

经此一番，李清照当初所谓"岿然独存"的家藏之物，遂丢失了一半左右，其身边所留下的便只有书画砚墨等一些轻便可携的物品。但值得庆幸的是，她终于在春天将尽的时候追上了朝廷，那一只孤独的浮舟得以加入御舟的队列，跟随着宋高宗前往温州。

大约是因为李清照追随皇帝、追随朝廷的举动得到了宋高宗的认可，又或者是"玉壶颁金"之类的流言已然被澄清，尽管准备献给朝廷的铜器最终都散失了，但那些企图横加给赵明诚、李清照的罪名也都随风而去。

当宋高宗乘桴于海逃避追兵的时候，完颜兀术率领的金兵几乎横掠了浙东一带。直到他们东入沧海，受到宋廷水军的阻击，因自知一时难以获胜，这才下令退兵，返回临安（位于今浙江杭州）。

二月间，完颜兀术因搜山检海已毕，便带着从江南半壁掠夺的金银财宝还师中原，可临行前仍不忘将明州、临安、平江府等州城付之一炬。不过，当完颜兀术军至镇江，准备渡江北上时却遭到韩世忠的阻截。双方交战数十回合，完颜兀术皆遭惨败。于是，他只得溯江西上，企图自建康渡江，不料又被追击而来的韩世忠以八千军力围困于黄天荡中，长达四十八天。若不是有奸小之徒贪赏叛变，为完颜兀术献上了火攻海船的计策，完颜兀术恐怕就要丧命于长江湾口中。

黄天荡一战，金兵损兵折将，渡过长江后便匆忙北撤，回到了中原。由此，一路逃亡不停的大宋君臣们，终于得以真正喘歇。他们将这番海上逃亡称之为"乙西航海"，仿佛只是皇帝的一次出游而已。待回到了越州后，宋高宗君臣们便准备在那里开始所谓的大宋朝的中兴。

到此时,李清照也终于得以暂时解脱。回想起这大半年间所遭受的丧夫之痛、诽谤之灾、江湖之险,竟仿佛大梦一场,但那悲恸却也是刻骨铭心。彼时,李清照应当在越州栖居了一段时日,也许会稽山水的温软、鉴湖黄酒的甘醇,多少可以抚平她身心的痛楚。

孤雁儿

世人作梅词,下笔便俗。予试作一篇,乃知前言不妄耳。

藤床纸帐朝眠起,说不尽、无佳思。沉香断续玉炉寒,伴我情怀如水。笛声三弄,梅心惊破,多少春情意。

小风疏雨萧萧地,又催下、千行泪。吹箫人去玉楼空,肠断与谁同倚。一枝折得,人间天上,没个人堪寄。

清晨从竹藤床、软纸帐中醒来,不知为何心生出一种难以言表的伤感。清寒的玉炉里升起断断续续的沉香烟气,犹如我如水一样缠绵的情怀。是何处笛声吹奏着《梅花三弄》的曲子?那枝头的梅花乍然开放,一时间增添多少春日情意。

门外是潇潇不停的细雨微风,只教人不觉泪流千行,更觉伤心。那知心人儿已去,闺阁空冷,这断肠的愁丝又能同谁说?从今以后,再没有人一同倚栏观花。纵然折得一枝春梅,可人间天上,还有

[宋]马麟(传)梅花双雀图

[宋] 马麟 梅竹图

谁值得去赠寄？

　　李清照笔下的梅花，曾有过"香脸半开娇旖旎"，也曾有过"红酥肯放琼苞碎"，都是活灵活现的，写花似写人的描摹。可到了这阕词中，梅花似乎反作了陪衬。

　　李清照填词作诗，都喜欢与前人一较高下。她总认为世人以词写梅花，下笔都太平庸俗气。而今，李清照自己试作一阕，可又担心自己也不能免俗。因为此时词作里的伤心愁思，比之前任何时候都要更真切、更强烈。

　　不难想见，在选择《孤雁儿》这个词牌名时，李清照的心思已经跃然纸上。此间的词人，无论是赏看梅花，还是抒写相思，最终都无人可寄。赵明诚的离世带走的是李清照作为妻子、作为女人的最自然的情感寄托。

　　当然，李清照曾经也写过更为哀愁、哀怨的闺阁情词，可那未必是真实感情描摹，只是她的天赋才思对于人类情感的一种高超拟写。但是到如今，李清照终于体会到了那无边的悲凉。"一枝折得，人间天上，没个人堪寄"的简洁质朴里，透出的反是彻骨的孤寂。

建炎四年（1130）的七月间，稍稍安稳的朝廷下达了一条诏令，命元祐党人的子孙各自陈情，将那些未能完全追复官职赠谥的人尽复恩数，诸人的子孙也可以择优录用为官，而在所列及的名册里，黄庭坚、张耒、李格非等人均在其列。

这是一个征兆。当时，朝中已经有人开始将靖康亡国的因由统统归结于宋神宗熙宁年间王安石的新政变法，认为朝政的混乱就是从那时开始的。而对于此时的宋高宗来说，想要从头收拾这半壁山河，必须先要为他父亲、兄长总结出亡国的教训。尤其是当他发现，这个亡国的根源可以追溯至六十年前，甚至追责到他的曾祖父身上时，宋高宗便意识到，或许以此为契机，重新建立属于他的朝政体系，会更为方便。

于是，当年由宋徽宗亲笔写就的元祐党人名册在其子宋高宗的手中，摇身一变，成了元祐忠贤名册。而作为元祐忠贤李格非的女儿，李清照固然不会从这次的诏令里获益太多，但至少她的弟弟李远可以继续在朝中安然平稳地任职做官。想他姐弟二人，此时必然已经相聚于越州，这给一度穷途末路的李清照多少带来了些宽慰。

待梳理了种种悲恸哀愁的情绪后，年将半百的李清照仿佛再一次打开了人生的视野。从那时起，非但她的婉约词里增添了一丝厚重的意蕴，她本人似乎也越来越倾向于作诗写文，因为唯有如此，她才可以借诗文表达自己的政治见解和家国情怀。

李清照三十岁之际曾作《词论》来表达自己对文学创作的态度，并且非常明确地表示：词，就应继承乐府诗歌的传统，偏重闺阁婉约缠绵的情致；而诗与文，则要承托起家国兴亡的慨叹和兴观群怨的议论。

少年时对《大唐中兴颂碑》的议论不过是牛刀小试，却也足以窥见李清照的家国情怀。而今，历经了山河破碎、仓皇南渡、夫死家散的种种悲辛，那些一直积存于李清照心中的兴亡之叹变得越发真切和强烈。

建炎四年（1130）九月，早已占领了中原诸城的金人在大名府扶植起一个傀儡朝廷——大齐。

当时，经历了无数次大小战争的中原百姓逃的逃，散的散，留居的许多人则遭受着金人残暴的统治和压迫，来自民间的抗金活动一直存在。于是，金人网罗了一些宋军的降臣俘虏，招揽了许多溃兵强盗，试图借助这些人去统治中原之地。而当时被扶持上位的大齐皇帝，便是曾经的大宋济南知府刘豫。

刘豫在宋徽宗宣和年间曾任河北西路提刑，宋室南渡后他因枢密使张悫的推荐知济南府。谁承想，金将完颜挞懒领兵攻打济南之时，贪生怕死的刘豫竟然杀了力战守城的骁将关胜，投降金人，将济南古城拱手奉上。由此，刘豫得到了鲁王完颜挞懒的信赖，也是在其力荐之下，成了所谓的大齐皇帝，统辖黄河故道以南的河南、陕西地区。而这个大齐国，则要对金国"世修子礼，永贡虔诚"。

咏 史

> 两汉本继绍，新室如赘疣。
> 所以嵇中散，至死薄殷周。

西汉和东汉本来就是正统的承接，可中间偏偏多出一个王莽的新朝，就像人的身上长了个无用的肉瘤一样。由此想到晋时的嵇康，宁可慷慨赴死也不改傲骨，不愿效忠篡位夺权的司马氏，也正是有此品格，嵇康甚至都瞧不起灭夏的殷汤和讨伐商纣的周武王。

李清照极少在词篇里用典，可一旦用典，其对典故的掌握与运用，只怕会令多少所谓的饱学之士汗颜。而她在这首诗中将刘豫所立的大齐比作汉时的王莽新朝的典故运用可谓极其精准，而赘疣之定论更是精辟。然而，这还不足以展现李清照不同俗流的学识和见解，她竟能从嵇康《与山巨源绝交书》中的一句"每非汤武而薄周孔"提炼出全新的观点，将嵇康不屑于世俗礼教的言论化作对谋朝篡位者的巨大讽刺。

可想而知，不独当时之人，便是后辈文人士子，但凡品此《咏史》诗，无不为李清照之"女丈夫"声调而击掌称赞。

只可惜，即便有如此见识，李清照也进不得朝堂，做不了兴邦报国之事。那些士大夫们或许会为她的学识所惊诧，但也绝不会因此就将李清照当作治国之士。

当宋高宗和他的臣子们在越州享受着久违的太平安乐时，八百里外的淮水之滨，楚州（今江苏淮安）城外，一场惨烈且持久的夺城之战正硝烟浓密。

数月前，在完颜兀术自建康黄天荡战败北撤的途中，他接到了鲁王完颜挞懒的求援信，称楚州军民坚守城池，久攻不下，希望完颜兀术能够从旁相助。于是，完颜兀术设下南北两屯，截断了楚州的粮道，楚州守将赵立只得求援朝廷。

然而，此时的宋高宗因惧怕韩世忠、张浚、刘光世等人拥兵自重，不敢将三人兵力集合，与金兵决战淮东。恰巧张浚也认为此时救援楚州乃是"徒手搏虎，并亡无益"，宋高宗遂命刘光世为节制，将岳飞、郭仲威等部交由其指挥。

刘光世在接到朝廷金字牌递来的五道皇帝手诏、十九道枢密院札后便北渡大江，前往救援。但他是个行事过于稳重之人，将帅营驻扎于战场之外，只命裨将出战，而刘光世所派部将王德等人并不愿意援救楚州，一番责任推诿后又谎报战功，随即撤兵。当时唯一驰援楚州的，竟只有岳飞一军。

但是，即便驻扎于敌营附近，岳飞手下也只有数千孤军。他上书刘光世，望其能增援些兵马粮草，助其解救楚州。可谁知，岳飞的两道公牍都未得到回音。而楚州，终因援绝粮穷，于九月下旬被金军攻破。

当时，尽管守将赵立已然战死，但城中的军民百姓仍旧按照其生前部署，在街巷之中设立砖垒，肉搏巷战，甚至连柔弱女子都会拉拽着金兵投河，玉石俱焚；满城百姓，至死未降。

楚州城陷的消息传至越州行在，君臣震悼，但同时也因闻听金兵游骑抵达长江而朝廷震恐。于是，宋高宗君臣便商议放散百官，随时做好逃跑的准备，而民间百姓听得风声，已然开始惊慌逃窜。面对如此时局，李清照自是无能为力。她只能像当初赵明诚嘱咐的那样，"从众"离去，来到了西南方四百里之外的衢州。

衢州乃"四省通衢、五路总头"，地形复杂，山岭众多，且岭谷交错，确实是个躲避兵祸的好地方。于是，李清照便在这里，又度过了一个相对安然的冬天。

惟有书画砚墨，可五七簏，更不忍置他所。常在卧榻下，手自开阖。

——李清照《金石录后序》

彼时，李清照身边留存的家藏已经不多了。那些"岿然独存者"中的三代古器、手抄本的书籍都已在剡县被官兵收去，留下的只有几箱子书画砚墨。李清照再也舍不得将这些东西寄存至别处，干脆放置在自己的床榻之下，亲自保管。

又是一年正旦春日，宋高宗在越州行在领着文武百官遥拜了远在北方的二圣，随后下诏：取"绍奕世之宏休，兴百年之丕绪"之意，改元绍兴，以其年为绍兴元年（1131），升越州为绍兴府。

三月春暖之时，李清照已从衢州重返越州绍兴府，她的弟弟李迒也已官升一级，留在了朝中。此时的朝廷似乎萌生了些欣欣之意，从宋高宗到许多臣子，仿佛看到了什么希望。

这大概是因为一个人的到来。而这个给予宋高宗新希望的人，便是大宋朝曾经的御史中丞，随同宋徽宗、宋钦宗——同被掳往金国的秦桧。

就在楚州之战后不久，秦桧带着妻儿忽然来到了绍兴，出现在宋高宗的面前。他自称是杀了监视其行踪的金兵，抢夺小船才得以逃回朝廷的。

尽管当时朝中许多人对此都十分怀疑，但在秦桧故交、宰相范宗尹的竭力保荐下，宋高宗仍旧接纳了他。而秦桧回朝后做的第一件事，便是向宋高宗呈交了南北分治的朝政方略，道是"如欲天下无事，南自南，北自北"。此议论深得宋高宗欢心，认为秦桧果然是忠义贤臣，遂任命其为礼部尚书，待这年岁初二月，又升秦桧为参知政事。

当时，街谈巷议纷纷传说，秦桧之所有能有今天的荣耀，都是靠着他那个不同寻常的夫人——大宋抚州执知州事王仲峘之女，岐国公王珪之孙王氏。

对于李清照来说，她或许没有料到，时隔多年后，自己嫡亲外祖家的表妹夫会忽然会成为皇帝面前的红人。若在常人看来，这应当是天大的喜讯，从此以往，李清照便多了一个靠山，再不用担惊受怕，更不必流落江湖。

然而，李清照似乎对这个炙手可热的亲戚毫无兴趣，她甚至都没有在人前提及。也许，李清照从得知秦桧归朝的那一刻起，就对这个所谓的朝廷忠臣充满了怀疑。

秦桧其人，或许算不得什么才子，但也还算勤勉。他幼年时随家人迁居江宁，其父亲秦敏学曾做过地方县令，秦桧早年则是在私塾教书。宋徽宗政和五年（1115），秦桧进士及第，补为密州教授。随后娶妻王氏，又考中词学兼茂科，来到东京太学任太学正，仕途总算平稳。

东京沦陷后，秦桧作为属臣跟随宋徽宗、宋钦宗一同前往北方。而此一去，他的人生道路便彻底改换了方向，竟从一个主战派沦为摇尾求和的叛国之人。

初时，宋徽宗在北方听得宋高宗即位的消息，遂命秦桧代为起草了一封书信，呈交给金兵统帅完颜宗翰，表示愿派人告知宋廷继位的新君，要将金国奉为正朔，年年纳贡。虽然这封书信未能帮助宋徽宗摆脱受辱的境地，却让秦桧得到了完颜宗翰的青睐，而秦桧也由此成了金人的爪牙。

随后，秦桧被分赐给了完颜挞懒，充任其幕僚，又一路跟随他南侵中原，攻打江淮之地。年前金人围攻楚州，久战不下时，完颜挞懒曾命帐下的参谋军事给楚州军民写劝降书，而这个参谋军事，正是秦桧。

秦桧的此种行为，实在是让那些刚直之士难以相信，他真的是从金营逃回来的。尤其是他回朝后竭力怂恿宋高宗与金国和谈的举动，更让人怀疑秦桧是受了金人指使而来。

这些年，虽然大宋朝廷一直被动挨打，君臣逃亡，但终究也没有彻底灭亡。大宋的将士们仍旧在抗争，中原沙场上，金人也未全然占得上风。所以，秦桧所谓的"南自南，北自北"就是金国意欲分治的企图。

然而，不管人们如何揣测，宋高宗偏偏坚信了秦桧的忠诚，赐予其高官厚禄，对其宠信万分。

至于李清照，虽然有了这样一门显赫的亲眷，可她更愿意躲进乡间的小屋里，过着独善其身的日子。

诉衷情

夜来沉醉卸妆迟，梅萼插残枝。酒醒熏破春睡，梦远不成归。

人悄悄，月依依，翠帘垂。更挼残蕊，更捻余香，更得些时。

昨夜一场酩酊大醉，乃至于未曾卸妆便已睡去，发髻上还插着梅花的残枝。那缕缕的梅香将人从酣睡中熏醒，梦中的故事一时渺茫，心中不由得泛起愁意。

此时人间悄然无声，晴空中只有依依月色，照在那翠色的帘幕之上。此中闲情，难以消除，只得搓揉着梅花残瓣，捻出那花上余香，好再消磨些时光。

记得在建康城时，虽然也有台城烟柳、白鹭晴波的美景，可李清照当时心境全然是初渡江南的悲伤，更兼赵明诚亡于斯地，故而她对那座城的记忆，也只有城垣踏雪时的凄冷。

如今来至越州，居于会稽山下，那千岩竞秀、万壑争流的美景令李清照不觉心襟大开。虽然每每念及往事时总有些隐痛，可在这离乱纷争之间能寻得一种清静，也算是老天的慰藉。

只是，李清照不曾想到，即便时势平稳，却总有宵小之辈惦记着她那仅存的书画卷轴。

在会稽，卜居土民钟氏舍。忽一夕，穴壁负五簏去。余悲恸不已，重立赏收赎。后二日，邻人钟复皓出十八轴求赏，故知其盗不远矣。万计求之，其余遂不可出。

——李清照《金石录后序》

在会稽时，李清照借住于当地一户钟姓的人家。谁料一天夜里，有人在墙壁上掘了个洞，竟偷走了五筐书画。这令李清照大为悲恸，当即决定重金悬赏，要赎回这些书画。两天后，果然有个叫钟复皓的邻居拿来了十八轴书画以求赏金。李清照由此推断，那个盗贼其实就在自己身边。于是，她千方百计央求此人，只要能归还书画，赏金都可商量，但剩下的那些卷轴终究没有要回来。

至此，李清照"岿然独存"的藏品，便只剩下十之二三了，且都是些零散不全的书册，还有几种内容平常的书籍。可即便如此，李清照仍当心头宝贝一样看护着，作为仅有的寄托。然而，那心底里的悲痛却越发挥之不去。

自北来南，不过三年有余。谁能想到，那满满当当十五车的古籍器物、书画珍玩，就这样散失殆尽。回想当初与丈夫赵明诚饭蔬衣练，搜集古文奇字的岁月，彼时之欢愉都成了此时之哀痛。再想起归来堂满架的藏品典籍，最终都付之一炬，毫无留存。李清照不觉有些迷茫，不知道自己所做的这一切，究竟有何意义。

也许，答案可以向醉里寻，向梦里寻，或者是向诗书里去寻。

偶 成

十五年前花月底，相从曾赋赏花诗。
今看花月浑相似，安得情怀似往时。

十五年前，也是这样的花前月下，彼此相伴游赏，对花吟诗。而今的花月似与当年一样，可心中的情怀又怎能似往时？

虽然没有撕心裂肺的呼喊，可那浓烈的伤感已从这看似平淡的诗句里涌出。这是李清照对赵明诚的思念，亦是她对青州时光的追忆。然而，逝去的一切终究不能重新拥有，不仅仅是那枕畔人、架上书，还有旧时情。

尽管熬过了如许多的艰难苦恨，可到了这鬓发如霜的年纪，李清照似乎是再也支撑不住了。她无法抹杀自己作为闺中女子的本色，不管如何刚毅坚强，却终究有那最柔弱的一面。在失去了丈夫后，李清照几乎就失去了全部的倚仗，仅存的这份家业都要由她来扛。亲友固然多，却也各有难处，不可能事事相帮。虽然有个亲弟弟，但也不可能事事替她做主。

到此时，李清照真的是身心俱疲了。

帘卷西风，人比黄花瘦

随着完颜兀术在黄天荡的战败，金人一举灭宋的企图已然不能实现，遂将战略部署由全面进攻改为东守西攻，大批兵马奔向了川陕。然而，当完颜兀术统帅金兵自陕赴川，途经和尚原（今陕西宝鸡西南）时，遭到驻守其间的宋将吴玠、吴璘的顽强抵抗。这一战，是完颜兀术南侵以来遭遇的最惨烈的败仗，将士死伤大半，完颜兀术也身中流矢，甚至"剃其须髯而去"。

与此同时，因为秦桧的牵线搭桥，一心求和的宋高宗与有心议和的完颜晟达成了初步的约定。这一切，都为宋高宗偏安江南创造了有利的条件。他一面抽调精兵镇压荆湖、江西、福建等路的农民起义军和盗匪，巩固半壁江山的统治；一面命韩世忠、岳飞、刘光世、张浚等人分别负责江淮防务，却竭力压制一干武将主战的请求，只想着与金人议和。

绍兴二年（1132）的正月十四，上元节前夕。临安的花灯早已悬挂满城，宋高宗便从刚刚升为绍兴府的越州行在回到了临安。作为五代十国之吴越国的旧时都城，临安有着得天独厚的地理优势和经济优势：此地既有山河之险，却又远离江淮防线；太湖流域水土丰茂、物产丰盛，且漕运极为便捷，是大运河的起点；而再向东去亦有明州海港，仍可由海路对外往来贸易。虽然临安古城因完颜兀术的搜山检海而大半被毁，但只要稍待元气恢复，这里仍不失为江南繁华之都。

由此，宋室君臣四年的奔逃岁月终于结束了。尽管他们一直将临安城称作行在，也一直向百姓们表示不忘恢复中原、迎回二圣。不过更重要的是，如何将眼前这安稳的日子好好地享受下去。而此时的李清照，自然要跟随着皇家的队伍，跟随着弟弟李远，一同返回临安定居。

然而，眼前的日子固然看似安稳，可李清照的心仍旧充满了愁怨和痛苦。在江南的春寒料峭中，她大病了一场，甚至仿佛已经做好了与这个人世告别的准备。可是，她却又总有一丝心念，割却不下。

春 残

春残何事苦思乡，病里梳头恨最长。
梁燕语多终日在，蔷薇风细一帘香。

［宋］马远 白蔷薇图

在这百花凋零、春日将尽的时节，为什么总是会苦苦思念家乡。病中梳头，便越发觉得心中的恨意更加绵长。房梁上的燕子每一天都在喃喃细语，那暮春的柔风从帘外吹来，散开满屋子蔷薇花的香气。

尽管已是春残之时，但对于江南来说，现在恐怕才是最好的时节。潮湿绵密的春雨终于散尽，却又尚未入夏，气候格外舒朗。病中的李清照固然有着难挨的思乡之情，但不觉被梁间燕子、帘外花香给熏软了。

这似乎是李清照仅有的一首带着些柔情的诗，全不见《乌江》的慷慨，亦没有《咏史》的犀利，倒是含着易安词的婉约之气。仿佛李清照原是想填一阕词的，却不知出于什么缘故，最后只凑成了这样一首似未完结的诗。

这一年春天当是李清照身心状态最为虚弱的一年。南渡以来的重重磨难似乎终于都结束了，但几乎也带走了她这一生最钟爱的人与物。到此时，仿佛诗书也不能慰藉伤痕累累的心境。李清照需要一个依靠，可以让她安然度过最后的人生。可是，公婆爹娘俱殁，丈夫亡故，膝下更无一儿半女操持家业。与夫家的两位兄长之间的往来也不热切，弟弟李迒倒还算有心，能够一直在身边扶持，但终究不是长久之计。

在这最后一点江南春色里，李清照不禁想到了最后的一个出路：再嫁。

彼时女子再嫁，算不得什么大事。上至官宦贵妇，下至庶民女子，多有夫死改嫁或和离再嫁的。如今，赵明诚亡故两年有余，二十七个月的丧期已过，李清照若想再结良缘，于礼于法，都是可以的。

只是，别家女子再嫁，多半正值青春，所谓男女大欲，圣人难禁。而此时的李清照年届五旬，若要再嫁，只怕要惹人非议。可若是不嫁，又担心后半生难有着落。

正在这两难之际，一个名叫张汝舟的男人出现了。

比起先夫赵明诚，张汝舟的身份门第可谓微寒。他本是个寻常书生，几度赴考都未能得中，一身白衣，最终只在池阳军中谋得一个小吏之职。彼时朝中有一条例，但凡多次应举而不中，又满了一定年岁之人，可上奏朝廷，以"特奏名"的身份谋得官衔。故此，张汝舟至今春方才得了一个区区承奉郎的散官官衔。要知道，大宋朝官阶总共三十，而这承奉郎列于第二十九。

虽然如此，张汝舟求亲的意愿还算诚恳。他呈上了所有的身份文书，又送来了些许聘礼，甚至可能不断地表达着自己对易安居士才女之名的仰慕，显得极为郑重。弟弟李迒认为此事可行，而李清照也不由思忖：若嫁得此人，非但余生有靠，也能减轻弟弟的负担，当是两全其美。就这样，李清照决定再嫁。

李清照下嫁张汝舟，大约是在绍兴二年（1132）的仲夏之际，临安城内的蔷薇花应当还未落尽。那一段时日究竟是怎样的情形，恐怕世人都不得而知了。只不过，当人们听到前朝宰辅清宪公赵挺之的儿媳、堂堂郡守之妻、当世才女李清照于半百年纪上再嫁，一定会当作茶余饭后的热议话题。

至于李清照，或许也曾因为世人非议而心中忐忑，但从来意志坚定的她，还是努力坦然地面对这一切。李清照所希望的，就是不必继续承受漂泊之苦，让自己灰暗的余生里可以有一点足够依偎的光亮。可是，她却没有料到，张汝舟才是那个彻底扑灭她残喘的希望的人。

是年八月，秋来风凉之时，李清照一纸诉状，将第二任丈夫张汝舟告上了公堂，称其"妄增举数入官"（谎报赴考应举的次数以谋得"特奏名"的官职）。这是欺瞒朝廷的大罪，一旦判定，张汝舟不仅会丢官罢职，更会被流放岭南，回朝无望。至于李清照，即便她有揭发之功，但以妻告夫，按大宋律例，亦有两年牢狱之灾。

然而，这些李清照都不在乎。她似乎是抱定了兰艾同焚的心态，要与张汝舟断绝关系。

绍兴二年（1132）的九月初一，右承奉郎、监诸军审计司属吏张汝舟妻李氏讼其妄增举数入官一案有了判决，张汝舟被褫夺官职，流放至柳州。而张汝舟与李清照的夫妻关系也就此告结，判定离异。唯一值得庆幸的是，李清照并未因此入牢坐监。她只是在诉讼期间被关押了九天，随着案件的结束，终得平安归家。

但是，李清照知道，她这一生的名节，都将因此而蒙受尘垢。而在她写给一度鼎力相助救其出狱的远亲，时任翰林学士的綦崇礼的信中，将自己此番的遭遇与心境剖诉无遗。

投内翰綦公崇礼启

清照启：素习义方，粗明诗礼。近因疾病，欲至膏肓，牛蚁不分，灰钉已具。尝药虽存弱弟，应门惟有老兵。既尔苍皇，因成造次。信彼如簧之说，惑兹似锦之言。弟既可欺，持官文书来辄信；身几欲死，非玉镜架亦安知？冘勉难言，优柔莫诀，呻吟未定，强以同归。视听才分，实难共处，忍以桑榆之晚节，配兹驵侩之下才。

身既怀臭之可嫌，惟求脱去；彼素抱璧之将往，决欲杀之。遂肆侵凌，日加殴击，可念刘伶之肋，难胜石勒之拳。局天扣地，敢效谈娘之善诉；升堂入室，素非李赤之甘心。

外援难求，自陈何害，岂期末事，乃得上闻。取自宸衷，付之廷尉。被桎梏而置对，同凶丑以陈词。岂惟贾生羞绛灌为伍，何啻老子与韩非同传。但祈脱死，莫望偿金。友凶横者十旬，盖非天降；居囹圄者九日，岂是人为！抵雀捐金，利当安往；将头碎璧，失固可知。实自谬愚，分知狱市。

此盖伏遇内翰承旨，缙绅望族，冠盖清流，日下无双，人间第一。奉天克复，本缘陆贽之词；淮蔡底平，实以会昌之诏。哀怜无告，虽未解骖；感戴鸿恩，如真出己。故兹白首，得免丹书。

清照敢不省过知惭，扪心识愧。责全责智，已难逃万世之讥；败德败名，何以见中朝之士。虽南山之竹，岂能穷多口之谈；惟智者之言，可以止无根之谤。高鹏尺鷃，本异升沉；火鼠冰蚕，难同嗜好。达人共悉，童子皆知。愿赐品题，与加湔洗。誓当布衣蔬食，温故知新。再见江山，依旧一瓶一钵；重归畎亩，更须三沐三薰。忝在葭莩。敢兹尘渎。

实际上，在决定以诉讼之法与张汝舟离异的那一刻起，李清照早已预见了自己的结局。这一封信，或许对她和张汝舟的婚姻实情有着些许夸张的成分，但素来坦荡的李清照，也从未有为自身粉饰之心。

李清照知道，作为一个诗书之家出身的女子，此番再嫁确实是她做出的一个错误的决定。然而，回想当时境况，自己心力交瘁，又身在病中，浑浑噩噩已到了牛蚁不分的地步，甚至连一死了之的心都有了。彼时留在李清照身边的，只有弟弟李迒和一个看门的老仆，她唯一期盼的，不过是有个可以依傍的人。

而张汝舟便是在那仓促之间出现的人，也终究导致李清照做出了草率的决定。是她自己轻信了张汝舟巧舌如簧般的说辞与所谓的甜言蜜语，而李迒入世不深，阅历太浅，见张汝舟有个小官文凭便也就相信了。在那般境地下，虽然李清照心底里也曾犹豫彷徨，但最终还是答应了这门婚事。谁知道，成婚之后与张汝舟言谈交往，才发觉此人与自己并非同道，根本难以相处。想李清照一生清白，怎能忍受晚年时却要与这样一个如掮客般庸俗丑陋的人共度余生？

李清照原是个直爽刚烈之人，既然明知陷此污秽，又怎不希望早些脱身。而张汝舟似乎也已算定，要诓骗李清照手中仅存的书画古玩，甚至不惜动了害人之心。在婚后的那段时间，张汝舟时常对李清照辱骂殴打，而李清照怎可忍受如此不公，纵是破釜沉舟，也要发出反抗之声。

自古以来，清官难断家务事。李清照亦深知，自己的这一场控诉实在是有违常情，可她已然抱定了玉石俱焚的决心，哪怕戴着镣铐与张汝舟当堂对质，哪怕身入囹圄，她也毫不在乎。只要能断绝了这门婚姻，离开张汝舟这个恶徒，其他的李清照都不再奢求了。

李清照知道，与张汝舟百余日的婚姻是老天爷降予她的灾祸，而自己在监牢中的那九天时光不过是自作自受而已。为了与丈夫离异而身入牢狱，尽管这看起来十分愚蠢，可李清照选择这样做，是对其中利害早已心中分明。

如若说李清照是幸运的，那便是她得到了綦崇礼的帮助，能够为她出面说情，免去了牢狱之灾。想李清照也是官宦之后，旧时的东京城中也多有亲眷故交，谁能料到，在此危难时刻，这些人中唯有綦崇礼愿意施以援手，终使其免去了两年的牢狱之灾。

綦崇礼的大恩大德，李清照将铭记于心，但她更为忧惧的是由此招来的身后骂名。张汝舟用心固然险恶，可扪心自问，李清照也深知自己这一步走错，便注定了后世无尽的讥讽与嘲弄。晚年改嫁已有不妥，结果又生出诉讼离异的丑闻，败德败行，可谓无颜见人。

李清照想得很清楚，她无力阻止万千之口的非议，只希望綦崇礼这样的智者能够多少体谅她的苦衷，使她免遭过度的诽谤。唯有如此，她才能重新振作，开始好好地面对余生，哪怕是从此布衣素食，回归到一箪食一瓢饮的隐逸生活。

也许，再嫁张汝舟、复又诉讼离异确实曾将李清照推入了一个看似万劫难复的漩涡。然而，小人张汝舟却用一种庸俗肤浅的恶，逼迫李清照迸发出了心底里最强大的力量，终在那无尽的黑暗中，用一己之力，撕裂出一线光明的天地。

曾经的山河破碎、夫死家散，似乎都是李清照无能为力的事情。尽管她一直那样坚强，不论何时何地，都勉力支撑着克服了种种艰难，可细究起来，这些也都是李清照在默然地接受命运的安排。直到此时此境，在男人们自诩的知天命之年，李清照仿佛也找到了自己的天命：无论是天作孽还是自作孽，既然命运已经迎面走来，哪怕是头破血流，也要开出一条新路。

回想前半生，李清照的才名为她赢得了无数关注。如今，年老的孀妇再嫁他人，却又于三月之后状告丈夫诉讼离婚。往昔的那些光环会化作世人最汹涌的非议与嘲笑，甚至是唾弃。可是，李清照不会畏惧。

如果李清照在信中同綦崇礼所诉说的苦衷都是实情，那她称颂綦崇礼"日下无双，人间第一"的八个字，已然表明了自己落魄无依的处境。可以想见，当李清照状告张汝舟被羁监牢之时，一定有人在为救助她而奔走，除了弟弟李迒，或许还有一些旧时亲眷。只不过，这些人当时的实力和能力都不及綦崇礼罢了。

譬如赵家。自赵明诚离世之后，李清照似乎便与赵家失去了联系，尤其是在闹出"玉壶颁金"一事后。当李清照辗转江南、追逐朝廷的时候，她想到的也仅仅是去投奔弟弟李迒。纵然是李清照不愿意和赵明诚的兄长们往来，可此事毕竟关乎赵家声名，为何在整个过程中总未见一点赵存诚与赵思诚的身影？而今，李清照再嫁张汝舟旋又诉讼离异，如此大事，似乎赵家人也未曾表态。莫非，其中另有隐情？

实际上，当时远在广州的长兄赵存诚已然病重，旋即离世。赵存诚的妻儿亲眷恐怕也无暇顾及李清照改嫁之事。至于时任起居郎的次兄赵思诚，似乎也因此选择了沉默。又或者，他们心里都明白，这个一向主意坚定的李家弟媳妇的事，实在也由不得他们做主。

至于綦崇礼，他与赵家本是远亲故交，他的出面多多少少当有旧时情谊的缘故。只不过，纵然他替李清照免去了牢狱之苦，终究不能替她洗去世俗的非议与羞辱。

《礼记》云："好学近乎知，力行近乎仁，知耻近乎勇。"自古以来，能够明白这三件事的人都是智者、仁者与勇者，故而他们也就能明白该如何修身、治人，最后亦可治天下国家。这看起来本是那些文人士大夫的事情，但如今，倒是可以成为李清照的座右铭。

从今而后，李清照仍要做回那个名震京城的李清照。哪怕在此之间，她仍需要经历漫漫的清冷时光，需要付出比常人更多的努力。

醉花阴

薄雾浓云愁永昼，瑞脑销金兽。佳节又重阳，玉枕纱橱，半夜凉初透。
东篱把酒黄昏后，有暗香盈袖。莫道不销魂，帘卷西风，人比黄花瘦。

薄雾弥漫，浓云密布，这长长的日子显得如此愁烦。龙脑香自金兽香炉中缓缓升腾，不觉又是重阳佳节。睡卧在玉枕纱帐之中，半夜时的凉气几乎将身心浸透。

小院东篱边，举杯饮酒直到黄昏之后。不知不觉间，淡淡的菊瓣清香已然盈满双袖。不要说这初秋景致并不令人伤情，西风吹卷起帘幕，帘内的人儿比那黄花更加清瘦。

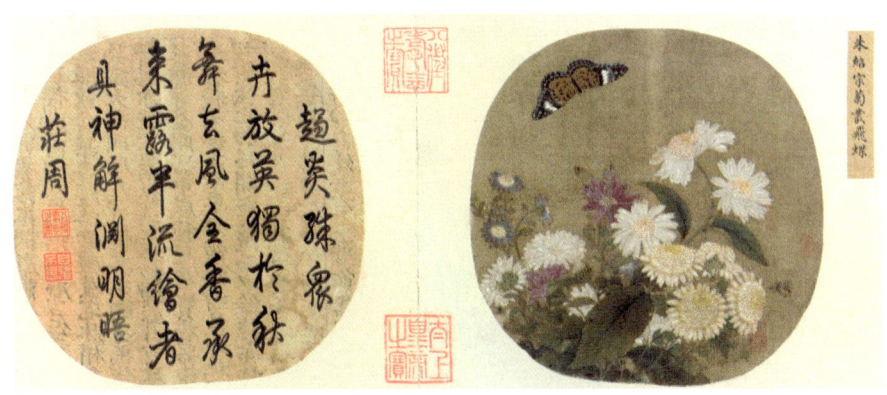

[宋] 朱绍宗 菊丛飞蝶图

在试图用新的婚姻摆脱困境、摆脱孤寂却最终落得伤痕累累之后，李清照心中的凄冷便进入了一种奇妙的情境。三十多年前的那个帘内少女，关心的还是海棠花的绿肥红瘦；三十多年后的帘后老妪，已经比清淡菊花还要消瘦。三十年前的少女尽管有些小小的春愁，却仍透着青春的俏皮和灵动；三十年后的老妪纵然有些孤单清冷，但她似乎更愿意守着这份寂寞哀愁。

尽管李清照曾将自己暗喻为"此花不与群花比"的梅花，也曾比拟为"自是花中第一流"的桂花，但是，每当她遇着生命里的坎坷艰难时，似乎都更愿意用菊花来抚平心灵。似乎再孤寂难挨的时光，只要有酒有菊，她便可以换取暗香盈袖的自得其乐，她还能做回那个"倚南窗以寄傲，审容膝之易安"的易安居士。

这大概就是李清照的命运：在她最脆弱的时候，偏偏安排了一场噩梦般的遭遇。上天似乎并不想让才女李清照能够安稳平顺，就像它曾经对待李白、杜甫、柳永、苏轼那般，总要经受了人生的大起大落，才能创作出更华彩的篇章。尽管李清照晚年的作品中少了许多旧时的清晰明确的乐观态度，但却用更深沉的平静表达出对人生的体悟。或许，此时的李清照已然不再需要那些自我勉励的言语，无论即将面对的一切是喜是乐，是哀是悲，她都可以淡然处之，犹如那东篱菊花。

摊破浣溪沙

病起萧萧两鬓华，卧看残月上窗纱。豆蔻连梢煎熟水，莫分茶。

枕上诗书闲处好，门前风景雨来佳。终日向人多酝藉，木犀花。

一场老病之后，不觉两鬓稀疏更添了许多白发。躺卧在床榻上，看着那一弯残月慢慢地照上窗纱。将连梢的豆蔻煎成沸腾的汤药来饮用，到此时，哪里还需像往日那般，只为博个乐趣而窗下分茶。

倚靠在枕上，悠闲地读些诗书，这样的光阴恐怕是最好不过的。一场雨过，反觉那门前景致更佳。这每日里在深院中陪我度过时光的，不是别个，便是那枝头刚刚绽放的木樨花。

在与张汝舟离异后的大半载光阴里，李清照似乎是主动将自己隐藏了起来。她悄然地待在临安城内的寄居之所，过着饮酒赏花、读书分茶的缓慢日子。她需要时间去忘却往昔的种种伤痛与不堪，也需要重新收拾起对未来生活的期冀。她可能也会希望世人能在这一长段的日子里，将她那不堪的故事暂时忘记，待有朝一日，她重新走出家门时，还能成为一个依然让世人瞩目的才女李清照。

不过令人好奇的是，在这一场几乎关系到李清照生死清白、半生荣辱的大事里，她似乎从来也没有想过去求助那个有着直系血亲关系的表妹王氏和表妹夫秦桧。事实上，就在李清照身陷囹圄之时，偏安江南的大宋朝廷上正开展着一场小小的权势斗争。

自秦桧受到宋高宗宠信后，他在朝中收揽党羽，企图掌控朝廷。而当时主持外事，受命都督江、淮、荆、浙诸军事的吕颐浩对秦桧极为不满，遂谋划将其逐出朝廷。

在吕颐浩的授意下，殿中侍御史黄龟年弹劾秦桧专主和议、破坏恢复，更在朝中结党营私，甚至把秦桧比作王莽、董卓之辈。秦桧自然也不甘示弱，擢用胡安国、张焘等人，试图排挤吕颐浩。在双方你来我往的无休止的争斗中，最终帮助宋高宗一锤定音的，恰是綦崇礼。

这年八月间，綦崇礼在被宋高宗召入宫之时，趁机呈上了秦桧所写的策论。宋高宗由此才发现，秦桧为了实施所谓的"南自南，北自北"的方略，竟提出"南人归南，北人归北"的法子。

这大大刺痛了宋高宗的心，他不由感慨，自己身为北人，难道也要回到北方去？而等他看到秦桧曾有"为相数月，可耸动天下"的言论时，便越发恼火。为了弹压住秦桧的嚣张气焰，宋高宗罢去了秦桧刚刚到手一年的右相之位，任其为观文殿学士，提举江州太平观。而綦崇礼则将宋高宗对秦桧的指责写入训辞，布告天下。

这大约是当时令许多主战派振奋不已的消息，同时也让人不再奇怪，为何当时的綦崇礼能有如此大的权力，竟可以为李清照免去两年的刑狱。不过，想当时临安城内的人们，在议论李清照改嫁、离异这一新奇之事外，似乎又多了一个话题：刚刚安稳了的朝廷到底作何打算？是要力主开战，收复中原，还是忍辱偷生，偏安一隅？那些南迁的北人，究竟什么时候才能回到故土？

JINAN 济南故事

第七章

声声慢
——寻觅处，凄凄惨惨戚戚

物是人非事事休

转眼已是绍兴三年（1133）的正月初一，临安城内的宋高宗照旧率领百官遥拜了父兄，也不接受朝贺，就此度过了又一年的新春。尽管这些时月与金人常有夺城之战，但人都在北方诸地，此时的江南倒是显得越发太平祥和了。

正月初四，襄阳镇抚使李横率军北攻伪齐，大破颍顺军，拿下了颍昌府（今河南许昌），直逼东京城。伪齐皇帝刘豫听得消息，急忙向金国求援，完颜兀术亲自率军援救。彼时，李横也曾向大宋朝廷上报，恳请驰援，而宋廷虽然允诺，却迟迟未能发兵。最终，不但是颍昌府得而复失，李衡控制的襄汉六郡也被伪齐占领。

当时，占据了襄汉关口的伪齐溯江北上可以攻打川蜀，顺江南下则可直取吴越，临安城中宋高宗的皇位顿时有些坐得不太稳当了。然而，即便如此，朝廷也没有想着速速派兵夺回六郡，反而决定遣使入金议和。而这位被宋高宗委以重任的人，正是前朝宰辅、仪国公韩忠彦之孙韩肖胄。

这年三月，韩肖胄拜为端明殿学士、同签书枢密院事，充通问使，奉命前往金国。他的副使乃是工部尚书胡松年。在韩肖胄看来，经过数年的拉锯之战，宋金两国当政者心中皆已明白：金欲灭宋，一时难成；宋欲北伐，恐也无望。此时境况，不如议和，两下相安为好，免得时时开战，南北百姓终日惶惶不得安生。当然，韩肖胄也非常机警地提醒宋高宗，即便是议和也是权宜之计。他日国家安强，军声大振，誓当一雪靖康之耻。

显而易见，韩肖胄的言论完完全全符合了此时宋高宗的心中所想。宋高宗已然不愿再陷于战争，若是一时失利，再被金兵追得四海逃窜，岂不痛苦？但是，宋高宗也不愿意背负起背祖忘宗的罪名，父兄母妻皆在金国为奴为仆，受尽羞辱，他怎能不将雪耻复国的口号挂在嘴边？

为此，宋高宗特意拔擢了韩肖胄与胡松年二人的子孙，有官职的升迁，无官职的授予初品官，韩肖胄的母亲亦被封为荣国夫人。只盼着韩肖胄此去能促成议和，宋金两国就此休战。

从三月间任韩肖胄为使臣，到五月间出使队伍离开临安，两个月里，不知有多少文臣武将、名士学子给韩肖胄递上了文章策论，希望能为其出使金国出谋划策，更多的也是为了表达自己对家国之事的看法。但令韩肖胄全然没有想到的是，李清照的名字竟然也出现在了这些雪片一样的投帖之中。

> 绍兴癸丑五月，枢密韩公、工部尚书胡公使虏，通两宫也。有易安室者，父祖皆出韩公门下，今家世沦替，子姓寒微，不敢望公之车尘。又贫病，但神明未衰落。见此大号令，不能忘言，作古、律诗各一章，以寄区区之意，以待采诗者云。
>
> ——李清照《上枢密韩公、工部尚书胡公》

久居深宅的李清照大约是听到了韩肖胄和胡松年出使金国的消息，很有可能见到被金人掳走的宋徽宗、宋钦宗，这让她百感交集。想李清照祖、父两代都与韩家颇有渊源，如今李家已经衰落，子孙辈也没有什么人出仕为官，远离了朝堂，可韩家却仍在为国效命。尽管李清照也已老病，但精神心气仍在，面对如此朝廷大事，她不能不一吐心怀。于是，李清照呈献上了一首古诗、一首律诗，希望这片心声能得到朝廷的采纳。

> 三年夏六月，天子视朝久。
> 凝旒望南云，垂衣思北狩。
> 如闻帝若曰，岳牧与群后。
> 贤宁无半千，运已遇阳九。
> 勿勒燕然铭，勿种金城柳。
> 岂无纯孝臣，识此霜露悲。
> 何必羹舍肉，便可车载脂。

> 土地非所惜，玉帛如尘泥。
> 谁当可将命，币厚词益卑。
>
> ——李清照《上枢密韩公、工部尚书胡公》

在写给韩肖胄的诗中，李清照称自己是"闾阎嫠妇亦何如，沥血投书干记室"。因为此时的她，只有这样一个单纯的身份：她没有任何资格成为议论朝政的臣子，虽然满腹才华却也不能被当作士子书生。李清照心里也明白，无论是当今的皇帝还是即将出使金国的韩肖胄，他们的骨子里都是不折不扣的主和派。多少刚直的臣子尚不能劝谏，区区一个老迈的妇人又该如何表达自己的主张？

然而，李清照终归还是那个不惧权威、敢于挑战的凌厉女子。她就是要用自己斐然的才华，去写就这样一篇看似不可能的诗章。

自开篇起，李清照一直在歌颂宋高宗的功绩，称此番遣使入京乃是当今思念父母兄弟的仁孝。而正是因为这种仁孝，才使得宋高宗不愿与金国开战。他不在乎那些勒石燕然山的军事功业，他也不希望因为看见北国的柳条而伤怀，他只想做个纯孝之人，以保全父母家国的安宁。

这些词句，看起来是对宋高宗一心议和的粉饰，实则包含着无尽的讽刺：一国之君，堂堂男儿，竟然毫无斗志，只靠着仁孝幌子，就能在半壁江山里安然偷生。

据说，韩肖胄出行前，宋高宗曾亲自叮咛：此番出使，不须与金人计较，言语要谦卑，哪怕多送些厚礼，只要能达成议和，岁币、岁贡之类都可以不在乎。而李清照之"土地非所惜，玉帛如尘泥。谁当可将命，币厚词益卑"正是对宋高宗此举最大的嘲讽。

在这首泱泱三十余行的古诗里，李清照使用了大量的历史典故去比拟此时的局势，尽管字字句句看起来都是在维护朝廷的面子，却也真真切切地在表达自己渴望北归的衷心。

> 嫠家父祖生齐鲁，位下名高人比数。
> 当时稷下纵谈时，犹记人挥汗成雨。
> 子孙南渡今几年，飘流遂与流人伍。
> 欲将血泪寄山河，去洒东山一抔土。
>
> ——李清照《上枢密韩公、工部尚书胡公》

李清照本是生于齐鲁大地的女儿，她的祖父、父亲虽然不是高官，却也是文章清流的名士。齐鲁之地自古就是文人荟萃之所，谁承想一朝南渡，子孙后代都成了飘零江湖的人。李清照写下这血泪诗篇，所期望的便是能够回到故乡，再捧一抔东山之土。

尽管李清照只是从自己的家世引入了子孙南渡后的飘泊，但实际上，从宋高宗到韩肖胄再到朝中文武，又有几个不是南来之人？难道大家真的甘心从此偏安江南？

李清照写给韩肖胄的诗，与其说是一个孤老的嫠妇在同尊者倾诉思乡的苦楚，不如说，这就是一个忠贞坚毅的文人在向朝廷谏言。仿佛从这一刻起，李清照彻底转换了自己的身份——自从少年成名后，李清照身上所背负的不过是才女之名，她写诗填词为的是传达女儿幽情，增添闺中乐趣。尽管李清照数十年来一直试图在读书人的世界里为自己寻一个可以安身立命的角落，可归根结底，她似乎从始至终都未能完全摆脱身为女子的困境。

然而，就在与张汝舟诉讼离异之后，就在李清照不得不承受起作为女人所遭遇的最可怕的污名之时，她的人生竟由此得到了升华，她的境界也变得前所未有的开阔。

沉寂了数月之后，李清照非但没有在人们的嘲讽中消沉下去，更没有产生半点含含混混了此一生的打算。她变得越发从容，变得格外坚毅，她甚至开始真的触碰那些本专属于男人的权利——她是以诗词写真情的才女李清照，更是一个以文章论天下的文人李易安。

可惜的是，纵然李清照写给韩肖胄的诗可以打动这位通问使，也最终改变不了家国的命运。六个月后，韩肖胄出使归来，随行的还有金国回访的使节。这是自宋室南渡以来，宋金两国第一次互通使者。尽管早前宋高宗曾几次遣使入金，却都没有得到所期望的回应，而今两国议和终于有了实质性的进展，哪怕这一切是用广袤的中原大地和无数百姓血泪换来的。

绍兴四年（1134）的春天，已成为镇南军承宣使、江南西路沿江制置使的岳飞向宋高宗呈上了《乞复襄阳札子》。自前番得到宋高宗召见，手书"精忠岳飞"四字制旗以赐，岳飞在朝中的地位与声望已然渐起。果然，他的奏议得到了朝廷的许可，宋高宗准许其带兵收复被伪齐刘豫占去的襄阳六郡，但仍不忘警示岳飞，只管收复六郡，绝不可引兵北伐，更不能有收复东京之议。

岳飞收复襄汉，又攻取了被伪齐所控制的唐州和信阳军，这是宋室南渡后前所未有的胜利。在这短暂的和平与欢欣中，李清照似乎也终于厘清了人生中的种种伤痛，开始整理赵明诚留下的《金石录》书稿。

今日忽阅此书，如见故人。因忆侯在东莱静治堂，装卷初就，芸签缥带，束十卷作一帙。每日晚吏散，辄校勘二卷，题跋一卷。此二千卷，有题跋者五百二卷耳。今手泽如新，而墓木已拱，悲夫！

昔萧绎江陵陷没，不惜国亡，而毁裂书画。杨广江都倾覆，不悲身死，而复取图书。岂人性之所著，死生不能忘之欤。或者天意以余菲薄，不足以享此尤物耶。抑亦死者有知，犹斤斤爱惜，不肯留在人间耶。何得之艰而失之易也。

——李清照《金石录后序》

八月初一这日，李清照在最终装帧成册的《金石录》后题写下序言，将她与赵明诚三十年诗书为伴、金石为乐的生活一一记叙。她翻阅着累累卷册，想起了赵明诚在莱州任上时书稿初成的情形，想起了赵明诚夜夜校勘、题跋的情形。如今，这些手迹依然如新，可赵明诚坟前的树木已能合抱了。

最让李清照难以释怀的，便是家藏珍品的散失。想梁元帝萧绎在都城江陵陷落时一把火烧掉了所藏十四万册的书籍，隋炀帝杨广在江都覆灭时还一心要把被唐军夺走的书抢回来，李清照不由感叹，难道世人的执着真的可以超越生死，念念不忘吗？如此说来，是不是因为李清照才德菲薄，才不配拥有这些珍物？又或者是赵明诚泉下想念，斤斤爱惜，才不肯让它们留在人间？难道天下之物，都是这样得来艰难而失去却极为容易？

至此，李清照不觉想起去岁秋天的时候，姨表兄谢克家曾遣人告知，他在临安法慧寺内见到了赵明诚旧时所藏的蔡襄《进谢御赐诗卷》。那当是李清照寄居在绍兴时被钟氏那伙贼人偷盗而去的，只可惜，如今已另属他人。

李清照为此叹息了许久，可转念再想，那《进谢御赐诗卷》原本是米芾先生的，后来才被送与赵明诚父子收藏。而今，不过又换作他人藏物而已，又何必太过伤怀。就这样，李清照陡然领悟了一则人生要理。

呜呼，余自少陆机作赋之二年，至过蘧瑗知非之两岁，三十四年之间，忧患得失，何其多矣！然有有必有无，有聚必有散，乃理之常。人亡弓，人得之，又胡足道！所以区区记其终始者，亦欲为后世好古博雅者之戒云。

——李清照《金石录后序》

从十九岁嫁入赵家到五十二岁孤老无依，在这倏忽之间，李清照看过了自己三十四年的人生，也参悟了忧患得失的道理。一件东西丢了，自然会有重新得到它的人，又何必太过计较。

这是李清照对往事的追忆与感叹，也是她对自我的拷问与反省。她写在这篇《金石录后序》里最终的词句，实则是想给后来者留下一点警醒。

然而，《金石录后序》方才写罢，江淮之上，烽烟又起。

虽然此时宋金两国正在议和之中，但于金国而言，时常以武力打击一下宋人才能彰显其强大，才可在谈判中占据优势。因为岳飞收复了襄汉之地，伪齐刘豫便又再度求援金国，与完颜兀术的五万人马合兵南下，分两路攻宋。

作为金国的主战派，完颜兀术对两国间所谓的和平毫不在意，他最渴望的就是直取临安，彻底灭宋。九月间，金将万夫长聂儿孛堇所率前锋攻克楚州，韩世忠兵马退守镇江（今属江苏）。赵构一面急遣工部侍郎魏良臣赴金营乞和,一面又命韩世忠坐镇扬州,抵御金兵渡江,两国对峙于长江岸边。

当魏良臣等人路过扬州前往金营时,韩世忠假意下令,命全军避守江南,准备随时回师镇江。那魏良臣见此,便在与金人谈判时表明了宋军无心开战、退守镇江之意。聂儿孛堇听此,遂命数百骑兵直趋扬州附近的江口,进至扬州大仪镇。

岂知,韩世忠早已算定金人行动,带着精锐兵马于大仪镇的沼泽地域设下二十余处埋伏。韩世忠率轻骑挑战诱敌,将金军诱入伏击区。金人在沼泽泥潭之中无法施展弓刀,遂被韩世忠一举围歼。

此一战后,宋军击败金军南侵的前哨部队,俘金将士两百余人,士气大振。完颜兀术见此,遂率兵转攻淮西,又遭岳飞部将牛皋等人阻击,被困竹墅镇(今江苏盱眙县东南)。正在此时,北方传来金太宗完颜晟病重的消息,金国为皇位继承人一事朝中生乱,完颜兀术只得引兵撤退。

大仪镇之役的捷报传到临安时,满朝文武皆上奏称贺,认为这是自建炎南渡以来,宋军首次迎敌一战,竟连连大捷,挫败金人锋芒,厥功至伟。

宋高宗为此对韩世忠等人大行嘉奖,临安城中一时歌舞升平。只不过,这样的场景李清照却没有看见。此时,她正在婺州金华(今浙江金华)的小屋里,兴致勃勃地写着她的《打马图经》。

予性喜博,凡所谓博者皆耽之,昼夜每忘寝食。但平生随多寡未尝不进者何?精而已。自南渡来流离迁徙,尽散博具,故罕为之,然实未尝忘于胸中也。

今年冬十月朔,闻淮上警报。江浙之人,自东走西,自南走北,居山林者谋入城市,居城市者谋入山林,旁午络绎,莫卜所之。易安居士亦自临安溯流,涉严滩之险,抵金华,卜居陈氏第。乍释舟楫而见轩窗。意颇适然。更长烛明,奈此良夜乎。于是乎博弈之事讲矣。

——李清照《打马图经序》

尽管此番两国交战,金人的兵锋并未侵入临安,但李清照显然不愿再度遭受离乱奔波之苦。彼时，赵明诚的妹夫李擢改任婺州太守，李清照遂于战事初起前往金华避乱。在这里，李清照寻回了一段旧时的安逸，也勾起了许多闲情逸致。

李清照自少年时便喜欢博戏，每每游戏，几乎废寝忘食，而且每战必赢。若问这其中缘故，都是因为她太精于此道了。可自从南渡后，颠沛流离，居无定所，那些博戏的物什都丢失了，故而也玩得少了。但是，那些游戏的技巧路数，李清照一直未忘。

自从十月初金兵南犯，栖居于江浙一带的百姓们都争相逃命。那住在东面的往西面去，居于南面的则往北面跑，乡间的人想着去城里，城里人却要逃亡山林，如此纷乱无措，实在令人不安。

而此时，李清照在金华觅得了一处安居之所，不觉心中畅然。夜阑人静时，更觉烛火明亮，李清照心念陡起，决意将这一生最爱的打马博戏的心得技巧撰写成文。她不但编著了《打马图经》，又作《打马赋》和《打马图经序》以为阐释。

（打马）实博弈之上流，乃闺房之雅戏。齐驱骥骤，疑穆王万里之行；间列玄黄，类杨氏五家之队。珊珊佩响，方惊玉蹬之敲；落落星罗，急见连钱之碎。若乃吴江枫冷，胡山叶飞；玉门关闭，沙苑草肥；临波不渡，似惜障泥。或出入用奇，有类昆阳之战；或优游仗义，正如涿鹿之师。或闻望久高，脱复庾郎之失；或声名素昧，便同痴叔之奇。

——李清照《打马赋》

李清照认为，打马是博弈游戏中的上品，亦是闺房中的雅趣闲情。每每博戏之时，众人一同上阵，好似周穆王万里之行的马队；那些相间排列、颜色各异的马棋，则如同杨贵妃姊妹五人乘马出行。打落棋子时的声响犹如环佩叮咚，那是对方敲响了玉镫，要打马出阵了；此时散落满盘的马棋边好像群星罗列，一时纷纷散开。

在打马博戏中，有的人受挫落败，就好比吴江边的枫叶坠落，燕山上的树叶飘零；有的人保守不进，如同汉代李广利紧闭起玉门关，趁着沙苑草肥，牧马屯兵；有的人行棋时犹豫不决，就像晋朝王济之因为爱惜障泥不肯渡河。当然，也有善用奇兵的人，能像昆阳之战那般以少胜多，以弱胜强；也有成竹在胸的，好比逐鹿之战黄帝大败蚩尤。还有的人，虽然技艺很高，但也会偶尔失手，如同东晋时的庾翼；也有的人虽然没什么名气，但却像晋时王湛，看似痴傻，本领却令人惊奇。

尽管李清照称打马只是闺中的博弈游戏，但她却在这游戏中领悟到了军事谋略的智慧。散落在桌面上的马棋就是李清照的千军万马，她每一次的游戏，都是一场行军布阵的演习。诚然，对于从未上过沙场的李清照来说，这或许有些纸上谈兵，但也足以让人看见她的良苦用心。

李清照不是真的因为岁月安然、闲来无事才想起这打马游戏的，那一夜长明的烛火，是她对宋金两国战场的遥遥寄望。

佛狸定见卯年死，贵贱纷纷尚流徙，满眼骅骝杂骁骃，时危安得真致此？木兰横戈好女子，老矣谁能志千里，但愿相将过淮水。

——李清照《打马赋》

北魏太武帝拓跋焘曾屡屡侵犯南朝，却最终如童谣里诅咒的那般，死在了卯年。如今，又一年光阴将尽，来春正是己卯之岁，想金国贼主完颜晟也时日无多了。自靖康之耻以后，朝廷南渡，君臣百姓，无论贵贱纷纷逃亡流离。眼看着打马图上满眼骅骝、骁骃的骏马，挂念着家国危亡的时局，李清照也想成为花木兰那样跃马横戈的巾帼英豪，只可叹年老力衰，哪里还能实现这杀敌卫国的千里之志，唯盼望朝廷的将相能够早日打过淮水，重返中原。

在宋高宗绍兴四年（1134）的十一月二十四日的岁末深冬之时，李清照写就的《打马图经》是她对刚刚结束的大仪镇之战的庆贺，也是她渴望恢复河山的壮志豪情。尽管她只是个老弱的女子，但依然有着最热烈的心。她再一次地破除了时代给予女子的局限，不独朝堂政务，即便是沙场谋略，李清照也敢去试上一试。

不独施之博徒，实足贻诸好事。使千万世后，知命辞打马，始自易安居士也。

——李清照《打马图经序》

这一篇《打马图经》，记录的不仅仅是李清照在打马博戏中的心得，也是可供好事者举一反三的智慧谋略。李清照写下此文，也不仅仅是闺房雅戏的留存，她更希望千年万代的后人知道，大宋朝有一个易安居士李清照，她曾借着"命辞打马"的文章，瞭望天下。

题八咏楼

千古风流八咏楼，江山留与后人愁。

水通南国三千里，气压江城十四州。

在金华小城的东南隅，在滔滔东阳江之北，有一座高约数丈的楼阁。那是南朝萧齐时，东阳郡太守、文学大家沈约所建。此楼本名元畅楼，但因沈约数次登临，每每赋诗，终成"八咏"，遂将楼名改作八咏楼。

此后历朝都有文人骚客登楼吟咏，诗仙李白在《送王屋山人魏万还王屋》诗中也有"沈约八咏楼，城西孤岩峣"之句，可惜平平。世人都道，只怕沈约之后，八咏楼上难有好诗。可如今，它等来了李清照。

登上这千古风流的八咏楼，放眼山川江河，不由念及家国之危。难道此间山河破碎，只能留给后人去哀愁？这里川流密集，连接着江南诸郡，此番气势足以影响江南十四州的存亡。

无论世人承认与否，此时的李清照早已褪去了旧有的闺阁才女的色彩，家国的感慨总让她迸发出震撼人心的气魄。在经历改嫁、离异的不堪往事后，她越发沉淀出了一种超然的自信和淡泊。但是，这并不意味着李清照不再有哀愁和悲伤，只要她愿意，随时都可以填词成章，表达心底里隐藏的忧愁。只不过，这种忧愁再也不会简简单单地交付于"愁损栏杆""憔悴春窗"的词句，而是走向了更为蕴藉的深沉。

武陵春

风住尘香花已尽,日晚倦梳头。物是人非事事休,欲语泪先流。
闻说双溪春尚好,也拟泛轻舟。只恐双溪舴艋舟,载不动许多愁。

暮春的风停息了,留住了尘土里的馨香,可枝头的花朵已然落尽。此时天色已晚,教人也懒怠打扮梳洗。不知为何,忽然记起了许多往事,可惜物是人非,也都成了空念,待要细想,却先自清泪长流。听说城南外双溪还有些春色,犹疑着是否可以去那里泛舟游赏,散一散心。但又止不住担心,那小小的船儿,载不动我这满心的忧愁。

尽管李清照不再惧怕再嫁之事所带来的万世之讥、无根之谤,尽管她也从一瓶一钵、三沐三熏的生活里寻到了平静,但并不意味着她可以彻底把往事抛

[宋] 佚名 风雨归舟图

却。恰恰相反，李清照是一个从不会在困境前仓皇而逃的人。即便前方有重重阻碍，她也会想方设法冲破牢笼，一如她以诗词文采从无数男性文人的世界里博取声名，赢得自己的天地。

而今，李清照想要有更多表达的机会，她需要重新回到那个可以让她展现自我才华的舞台上去，她渴望自己所做出的努力能得到更多的认可。而在那样的时代下，除却易安居士李清照的名号，她还需要一个冠冕堂皇的身份。

风鬟霜鬓，怕见夜间出去

正如李清照在《打马赋》中所预见的那样，绍兴五年（1135）的正月间，金太宗完颜晟病逝于上京。完颜晟临死前有意将皇位传给自己的儿子，却遭到了宗室诸人以及大臣们的竭力反对。不得已之下，完颜晟只得将皇位还给了哥哥完颜阿骨打的长孙、梁王完颜亶，是为金熙宗。

金熙宗完颜亶继位时不过十六岁，朝政皆由鲁王完颜挞懒把持。而作为金国内的主和派，完颜挞懒辅佐金熙宗时的要务，除了尽快平定朝中诸宗室政权的乱局，便是要促成与宋廷的议和。

可金熙宗和完颜挞懒没有料到的是，就在随后不久的四月间，五十四岁的宋徽宗终因不堪折磨，病死于五国城（今黑龙江依兰县西北）。他们自然不肯将这消息传告宋廷，只是将宋徽宗草草葬于洛阳附近，随后便开始了与宋廷漫长的议和谈判，而宋高宗自然也在求之不得的安乐中，开始了"直把杭州作汴州"的生活。

绍兴五年（1135）的五月初三，一纸诏令传至婺州，因知州前往故直龙图阁赵明诚家索取《哲宗皇帝实录》。这看似简简单单的一道诏令，却成了李清照余生际遇里最大的转机。

彼时，宋高宗下诏修撰国史。时任翰林学士兼史馆修撰的綦崇礼进言，称

《哲宗皇帝实录》早年乃是章惇、蔡京等人修撰，这些人本力主变法，故而对哲宗年间诸事多有积怨造谤，甚至指白为黑、变是为非，乃至于邪正善恶颠倒交错。为此，綦崇礼恳请宋高宗下诏，向诸路州军及旧臣之家搜求早年编撰的《哲宗皇帝实录》文字作为依据参照，重新修订。

这大概就是上天对李清照的垂怜。早年间，赵挺之恰好参与过《哲宗皇帝实录》的修撰，且家中藏有一套书稿。幸运的是，在数年间的奔逃流离中，李清照所携书籍字画大多散尽，偏偏这一套《哲宗皇帝实录》得以保存。此前，朝廷已然派人前往泉州赵家族人迁居之地寻找《哲宗皇帝实录》的善本。而今，李清照所藏的这套《哲宗皇帝实录》终于有了用武之地。

实际上，若从礼法而言，彼时李清照虽然已与张汝舟离异，但自其改嫁那一日起，便也算不上是赵明诚之妻了。所幸的是，旧时的亲友们似乎并未因此离弃李清照，她在金华的衣食住行想必一直受到李擢的照应，此番将《哲宗皇帝实录》上缴朝廷也是綦崇礼的帮衬。人们好像仍愿意认同，易安居士李清照是故相赵挺之的儿媳，秘阁修撰直龙图阁赵明诚的发妻，就连姨表兄谢克家之子谢伋也一直尊称李清照为赵令人。

令人，在当时乃是外命妇封号，太中大夫以上官之妻为令人。赵明诚以秘阁修撰直龙图阁的身份卒于任上，李清照正合封为令人。或许，就是在李清照呈缴《哲宗皇帝实录》后不久，她作为赵明诚遗孀的身份再一次得到了朝廷的认可。也正是那时候，她告别了寄居半载的金华，启程前往都城临安居住。

钓　台

巨舰只缘因利往，扁舟亦是为名来。
往来有愧先生德，特地通宵过钓台。

乘舟返回临安的途中，李清照再一次路过桐庐富春山下的汉时严子陵钓台。她念及前辈先贤拒不出仕、隐居山野的高风亮节，不觉心中生出些愧疚来。想这富春江水之上，大船为了谋利才去，小舟则为了沽名而来，这些来来往往的人们在严先生高德前只有满怀的羞愧，故而才趁着黑夜悄悄驶过钓台。

这恐怕是李清照第一次为了世俗之名而奔走。遥想当年和赵明诚在青州归来堂上的日子，一直渴望同五柳先生陶渊明那样采菊东篱、不慕名利的李清照，此番不得不屈就于一个虚名。但这对李清照来说，并不是一件坏事。

记得年少时，李清照曾无数次疑惑：为何连曹大家班昭那样的女子也要做一个柔弱乖顺的妇人。后来，李清照也有了些才名，她便又时常拷问自身，是否及得上曹大家一二。然而仔细思量，李清照心知，论博学才力，她也只是评了几段历史，鉴了几个金石，填了几阕情词，哪里做得到曹大姑续写《汉书》的功业？但是，她自认比曹大姑敢作敢当，敢言敢行，她似乎一直就不肯屈从顺命，不肯做个卑弱的女子。

在经历了后半生的漂泊流离、艰难坎坷之后，李清照倒似乎可以理解曹大家的"战战兢兢，常惧绌辱"。她未必是让女子真的活得卑下谦顺，只是想告诫那些后辈们，身为女子，立于世间不易，若可以早点明白些处世之道，或许会免遭更多磨难。

想曹大家亦是五十岁上修成《汉书》，又著《女诫》，随后出入汉和帝宫中，为皇后妃嫔们讲学，替帝王称颂作赋，这都是一个女子难有的功业。汉和帝驾崩后，邓太后辅佐幼帝，临朝听政，多请班昭参与政事，更为此拔擢班昭之子曹成为关内侯，官至齐国的国相。

而今，李清照亦年过五旬。赵明诚留下的《金石录》，她终于整理装帧完毕；自己的诗词文章，也多在坊间传抄。至于余生，李清照到底还能再做些什么，方才不辜负这满腹的才学。

皇帝阁端午帖子

日月尧天大，璇玑舜历长。

侧闻行殿帐，多集上书囊。

皇后阁端午帖子

意帖初宜夏，金驹已过蚕。

至尊千万寿，行见百斯男。

贵妃阁春帖子

金环半后礼，钩弋比昭阳。

春生百子帐，喜入万年觞。

当时的朝廷，每逢立春、端午二节，都会命翰林院诸臣子作些诗词帖子送进宫中，剪贴于各处门帐，以供皇帝妃嫔们赏鉴。这些诗词都是歌功颂德之句，或是将宋高宗比作尧舜一样的人物，或是祈愿皇后、贵妃福寿绵长，多子多孙。

如此诗文，哪里还有一丝丝易安居士李清照的影子，非但不见婉约柔情，更没有慷慨豪迈，甚至用词用典都极为平常，也简洁易懂。似乎从来都难掩光华的当世才女李清照，在遇见了皇家的声威时，也悄悄地收起了锋芒。

关于李清照向宫中呈献诗帖子，曾在临安城内惹起小小的非议。那时节，秦桧同父异母的兄长秦梓正是翰林院学士，闻听李清照也向宫内进帖子，十分厌恶。故而等宫内颁行赏赐时，负责相关事务的秦梓只给了李清照一些金帛而已。

这确实有些匪夷所思，可似乎又在情理之中。秦梓虽然是秦桧的兄长，但他为人正直，一向不喜秦桧贪羡功名之举。待秦桧南归大肆鼓吹宋金议和的时候，秦梓更是与之断绝了往来。也许，秦梓早前也曾听闻过李清照的故事，了解她对秦桧的鄙夷，他甚至对李清照有过几分敬重，可没料到她终有一日也会向朝廷伏低做小。

在临安城的几年间，李清照曾几次给皇帝、皇后、贵妃、夫人等写了几篇帖子。这恐怕是李清照前所未有的行止，却也是她不得不为之的事。对于那时的李清照来说，恢复她诗书才女的声名，恢复她在官宦世家之间的人脉关系是极为重要的。李清照心中所想的，可能不仅仅是余生的安然，她当然也希望自己最终能像曹大家班昭那样，为这个世间留下更多有意义的东西。

但面对着一个懦弱的朝廷，面对着一个偏安的世界，纵然李清照有"木兰横戈"之心，终究也是无能为力的。

李清照返回临安后的那几年里，尽管朝廷一心想着与金人议和，但面对边界上时时骚扰的金兵，又不得不以武力还击。可若真要放手一搏，又害怕打不过金人，再落得个流亡逃奔。于是，纵然宋廷里有着韩世忠、岳飞这样忠心耿耿且骁勇多谋的将帅，可每每与金人的战场交锋，都永远被宋高宗"击退即可，不许北进"的旨意所束缚。

自绍兴六年（1136）起，已进封武昌郡开国公、升荆湖北路、襄阳府路招讨使的岳飞曾两度率军北伐，却一直不得朝廷的支持，最终因为孤军无援、米粮不济而告结。

与此同时，曾经被宋高宗张榜天下，以示不再复用的秦桧却又东山再起，先复官为资政殿学士、知温州，后改任绍兴知府。至绍兴六年（1136）秋天，又被任命为醴泉观使兼侍读、行宫留守，并暂去尚书省、枢密院参议政事。

绍兴七年（1137）的正月二十五，出使金国归来的问安使何藓带回了宋徽宗崩逝的消息，宋高宗重礼发丧，遥上尊谥圣文仁德显孝皇帝。

宋徽宗的死讯似乎激起了宋人的抗金之心。二月间，岳飞奉诏入朝觐见宋高宗，得到了皇帝"中兴之事，朕一以委卿"的允诺。随后不久，朝廷便罢去了刘光世的兵权，将其部下五万人马都交付给岳飞。而岳飞亦壮志勃勃地呈上了一份《乞出师札子》，期望再度北伐。谁承想，原以为水到渠成的北伐大计，却因为秦桧一通岳飞可能拥兵自重、功高盖主的言论被宋高宗否决了。

绍兴七年（1137）的岁末，金熙宗废去了伪齐皇帝刘豫，并以归还黄河以南宋廷故地、护送高宗生母韦氏以及宋徽宗的梓宫返回江南为条件，要与宋廷正式和谈。到此时，无论朝中多少臣子反对，也无论百姓们心中如何悲叹怨愤，宋金议和的结局已然注定。

绍兴八年（1138）的十一月，金国派遣江南诏谕使张通古、萧哲来到了临安,携带着金熙宗的诏书,要与宋廷和谈。然而,那诏书之上并没有像往年那样称宋朝国号,而是改为"江南";也不说是两国议和,只道是"诏谕",俨然将大宋朝廷当作藩属之国。

此消息一经传开,朝野上下,多是愤慨。可是,那些毅然上奏反对议和的直臣们却纷纷被罢官贬黜,朝廷之中便再难听见反对的声音。

是年十二月二十七日,当朝宰辅秦桧代替了宋高宗赵构跪拜在金国使节的脚下,应允了金国的诏书内容,同意取消国号,从此以藩属之邦臣服金国且每年纳贡。随后不久,宋廷便在新春正月里发大赦天下的赦书,庆贺与金国议和事成。

那时,在鄂州勤力练兵的岳飞接到赦书后,毅然呈进了一份《谢讲和赦表》,直言不愿趋附和议,定要"收地于两河,唾手燕云,终欲复仇而报国"。但是,岳飞的种种上奏都被宋高宗置之不理。

就在四个月后,在金国内发动政变夺取了完颜挞懒兵权的完颜兀术亲统大军,分左右两翼再度南攻,直向两淮而来,兵临顺昌(今安徽阜阳)城下。原本迁延犹豫的宋高宗不得不命岳飞发兵救援,岳飞遂由此开始了生平最后一次北伐。

解除顺昌之围后,负责传达班师诏令的司农少卿李若虚竟不顾矫诏之罪,支持岳飞北伐。岳飞遂挥师北上,一路攻蔡州,克鲁山,收复了颍昌、陈州。彼时,朝中主战诸将乃至中原民间的抗金武装,无不纷纷响应,岳家军和各地忠义民兵全线进击,最终在郾城(今属河南漯河)之外大败完颜兀术,逼得其退守于东京城西南的朱仙镇上。

可就在此时,宋高宗的十二道金牌终教岳飞折戟沉沙。十年之力,废于一旦;山河中兴,再无希望。

一年后的寒冬岁尾,即绍兴十一年(1141)的除夕前夜,为了满足完颜兀术议和的条件,宋高宗在秦桧的怂恿下,终以"莫须有"的罪名,下旨将岳飞赐死于大理寺狱中,将其子岳云、部将张宪依军法斩首。彼时的临安城中,百姓泣血,忠臣悲鸣,唯有宋高宗的内廷里依旧莺歌燕舞,庆贺太平。

[宋]佚名 西湖春晓图

永遇乐·元宵

落日熔金,暮云合璧,人在何处。染柳烟浓,吹梅笛怨,春意知几许。元宵佳节,融和天气,次第岂无风雨。来相召、香车宝马,谢他酒朋诗侣。

中州盛日,闺门多暇,记得偏重三五。铺翠冠儿,捻金雪柳,簇带争济楚。如今憔悴,风鬟霜鬓,怕见夜间出去。不如向、帘儿底下,听人笑语。

落日的余晖仿若熔化了的黄金,暮色下的云朵犹如深沉的碧玉。此时此刻,我不知自己身在何处。那柳枝上渐渐升腾起了浓浓的迷雾,是哪里的笛声吹奏着《梅花落》的怨曲,也不知这春意究竟还能有多少。今日正当元宵佳节,一片暖风和煦的天气,可谁能知道转眼间是否会有冷风骤雨?几位诗酒友人乘着香车宝马前来相邀,要一同赴宴,可我只能一一婉拒。

如此的情境,让我不由得想起当年在东京城内的繁华时光,闺阁之中闲暇最多,往往最爱那正月十五的节庆。每到此时,人人都要戴上点翠的花冠,用金线捻着雪柳装饰将自己打扮得齐齐整整,光鲜亮丽。可到如今,我已是容颜憔悴,满头的白发也懒得去梳理,更害怕在这元宵夜间出门去。倒不如就悄悄地躲在那帘幕之下,听一听外面世界的人声笑语。

中原的征战之声渐渐远去,十年的偏安似乎让高高在上的宋高宗觉得,这样的朝廷已然不错。这些年来,宋高宗下令陆陆续续地将临安旧城重新修整、西湖东岸、凤凰山麓上的皇城也修筑得分外华丽。江南有着中原从没有过的烟雨柔情,此间的繁华比往昔的东京也是有过之无不及。这些年的元宵灯会也渐渐热闹起来,那街上的鳌山灯海仿佛五色祥云,荧煌炫转,照亮了天地。街巷之间,各家商铺茶肆都卖着新鲜的小食,各处官宦府邸更有鼓吹舞绾者频频出入,都是热闹的景象。

可越是如此祥和的日子,才越教李清照心头凄惶。尽管李清照也曾尝试过,努力过,可她终究也未能成为班昭那样的人,彼时的大宋朝廷也终究不是一千年前的大汉王朝。宋金议和已成定局,李清照知道,她此生再也不可能回到中原,回到心心念念的家乡。

到此间,李清照能够做的,也只有读读诗,填填词,赏赏书画,会会老友。在临安城某处的深深庭院里,做一个淡然的安享余生的老妇人。

宋高宗绍兴十一年(1141)的岁末,宋金两国订立了和约:由金熙宗册封宋康王赵构为宋国皇帝,自此,宋向金称臣。两国疆界,东以淮河中流为界,西以大散关(今陕西宝鸡西南)为界,南属宋,北属金。此外,宋须割唐州(今河南南阳唐河县)、邓州(今河南邓州)、商州(今陕西商洛商州区)、秦州(今甘肃天水秦州区)大半地域予金。宋每年向金纳银25万两、绢25万匹,每逢金主生辰及元旦日,均须遣使称贺。

这一纸合约虽然写满屈辱,但在宋高宗看来,到底是结束了两国十余年的战争,从此可以南北相安,各享太平。同时,宋高宗也可以迎回宋徽宗的梓宫和生母韦氏,成全自己的孝道。

绍兴十二年(1142)八月,在经过四个月的漫漫长途后,宋高宗生母韦氏偕宋徽宗及其皇后郑氏,以及宋高宗的发妻邢氏的梓宫回到了临安城。随后,议和的大功臣秦桧加封太师、魏国公,朝中上下无不唯其马首是瞻。而临安城乃至江山半壁的大宋朝,便也在这样的和平中慢慢地过起了悠闲日子。

绍兴十三年(1143),金国又放归了几个早年间被扣押的宋国使臣,其中有一个名叫朱弁的老者。他与李清照乃是同龄人,少年时亦在太学读书,其老师则是晁补之的族弟晁说之。宋高宗建炎元年(1127)时,朱弁自荐出使金国,代宋高宗问候徽宗、钦宗二帝。谁知,金太宗完颜晟以议和为名,只准一人返回宋廷。于是,朱弁让同行之人回朝奏禀,他则带着使节图印自愿留在金国,就此羁留十六载。其间,金人几次逼迫朱弁投降,又命其前往伪齐刘豫处做官。朱弁坚拒不从,甚至做好了赴死的准备。金人见他如此刚烈,只得作罢。

如今,朱弁终于归朝,虽然人已老迈、鬓发苍苍,但一身气节却丝毫未改。而他归国的行囊中,更多了几本书册,都是他羁留金国时写就的。一为《曲洧旧闻》,所记的都是他当年定居新郑洧水边时听到的朝野遗事、社会风情和名臣逸闻。一为《风月堂诗话》,乃是追思早年诗书风月之谈,记述的大多是当朝诗词名家之旧事。而在朱弁的回忆里,东京才女李清照竟也占得一隅。

> 赵明诚妻,李格非女也。善属文,于诗尤工,晁无咎多对士大夫称之。如"诗情如夜鹊,三绕未能安""少陵也自可怜人,更待来年试春草"之句,颇脍炙人口。
>
> ——朱弁《风月堂诗话》

李清照大约没有想到,当身在江南的她追念故国的时候,羁留金国的故人朱弁也将她写进了自己的回忆里。这短短数十字的评价,却勾起了整整四十年的追忆。李清照可能也没有料到,在朱弁的记忆中,自己最出名的并非填词之

尾声

JINAN 济南故事

这次第，怎一个愁字了得

这次第，怎一个愁字了得

不知不觉已是绍兴二十年（1150），大金国之藩属宋国，已在山温水软的江南度过了九年的祥和时光。虽然总还是有人想着能北伐中原，夺回江山，可却没有人敢在宋高宗的朝堂上再提此话了。尽管也有不少忠臣义士一直在弹劾秦桧的奸恶行径，可皇帝似乎就是格外亲信于他，反将那些直臣谏臣都一一贬谪了。

那时节，仿佛许多名字都成了如烟往事，很多关于元祐党争的故事，也都成了旧谈。至于东坡老苏轼、豫章先生黄庭坚、归来子晁补之、淮海居士秦观、宛丘先生张耒……那些李清照记忆里音容笑貌仍旧真切的形象，皆成了后生小辈们书本里的诗词文章。他们固然还会敬仰这些前辈，但恐怕再也无法想象这些风流人物曾经的模样。

这一日，有亲眷故交前来拜望，并为李清照送来几卷坊间传抄的书册。其中有一部明国公胡舜陟次子胡仔于上年编成的《苕溪渔隐丛话》，特意将宋哲宗元祐以来苏东坡诸公诗话及史传小说所载事实加以整理、编撰，以便世人增益见闻。

这《苕溪渔隐丛话》共有六十卷，那最末一卷的最末一章题作《丽人杂记》，记述的都是关于近世女子的诗话闲文，易安居士李清照自然在列。

近时妇人能文词，如李易安，颇多佳句，小词云："昨夜雨疏风骤，浓睡不消残酒。试问卷帘人，却道海棠依旧。知否知否，应是绿肥红瘦。""绿肥红瘦"，此语甚新。又《九日词》云："帘卷西风，人似黄花瘦。"此语亦妇人所难到也。

——胡仔《苕溪渔隐丛话》前集

胡仔倒是肯定了李清照的才学，可言辞之中却透着几分对妇人的轻视，仿佛李清照写得几句好词便是难为她了。最让人可恼的是，他偏偏要将李清照改嫁张汝舟之事记述下来，还不忘嘲讽，称世人看了李清照《投内翰綦公崇礼启》中"忍以桑榆之晚节，配兹驵侩之下才"之句，竟无不笑之。

李清照看了这文字，大约心头是有些酸楚的，但面上仍只是淡然一笑。十八年前，她在给綦崇礼写信时早已言明，深知自己难逃"万世之讥"，也阻止不了"多口之谈"。如今，李清照年将七旬，该看破的早都看破，难道还会和后辈们置气不成。

另有一部《碧鸡漫志》的书卷，乃是遂宁府（今四川遂宁）一个名叫王灼的书生所撰。此人倒有些博学之才，可惜举场失意，未能入仕，只得流落江湖，为人幕僚而已。

这王灼亦是惊叹李清照之才学，以为"士大夫中已不多得。若本朝妇人，当推词采第一"。但是，这些人评诗论词时却更像是腐儒老生，总捏住李清照改嫁之事不放，似乎由此认定了李清照之为人，竟把她的一些词作看成"闾巷荒淫之语"，更称"自古缙绅之家能文妇女，未见如此无顾忌也"，指摘李清照"夸张笔墨，无所羞畏"，倒好像她的词作竟是辱没了诗书门第一般。

见到这般评论，李清照禁不住有些恼怒了，想自己一生才名，总不至于落了个被后生小子任意嘲弄的结局。可转念再想，自己不也曾写下《词论》，将柳永、欧阳修、苏轼、黄庭坚这些前辈们一一批评过？看这王灼行文，似乎极为推崇豪放词风，称苏轼之词"新天下耳目，弄笔者始知自振"，看来也只是他自家对词之体会罢了。想中唐之时，李白诗篇也曾受人褒贬，遭人轻视，故而韩愈才作《调张籍》诗云："李杜文章在，光焰万丈长。不知群儿愚，那用故谤伤。蚍蜉撼大树，可笑不自量！"

就这样，李清照的无名恼火悄然散去了。文章千古事，究竟谁是蚍蜉，谁是大树，还是交给后世慢慢评说吧。李清照也想不出，自己的诗词文章究竟能流传多久。自少年扬名东京，至今不过区区五十载，便有扬抑两重的评价。那百年之后、千年之后呢？这些诗词还会有人诵念吗？人们是爱李清照之词中婉约,还是诗中豪情呢?

如此想着,李清照又是淡然一笑,将这两卷书册都搁在一旁。她从书架上收拾出一轴画卷,唤上老仆出门了。

一架小车缓缓行驶在临安街头,左转右转,终于来至一处宅院,开门迎客的乃是书画学博士、礼部员外郎之子,而今的敷文阁直学士、提举佑神观米友仁。

建炎年间的仓皇奔逃,使得李清照与赵明诚之家藏散失殆尽。李清照所谓的"岿然独存者"里,最后只剩下一两部残缺书册,三四种平平书帙。但所幸的是,其中一幅米芾先生的字帖竟得以保存。今日,李清照携卷而来,一为拜访老友,二则便是要请米友仁在此卷上题跋以作纪念。

展开卷轴,米友仁大为欣喜。那纸卷上书写的,乃是唐李义府《咏鸟》诗:"日里飏朝彩,琴中伴夜啼。上林如许树,不借一枝栖。"米友仁还记得,这是四十多年前,他的父亲米芾吟念此诗,一时兴起,挥笔写就,后来也不知他收在了何处或是赠予了何人。谁承想,这幅字竟留在了李清照那里!米友仁赏鉴再三,认定是先父米芾真迹,不由感泣,道是"今之数字,可比黄金千两耳"。

这半日的时光,两个垂垂老矣的故人坐在一起赏字、品茶、忆旧,所说所论的事情,也只有他们自己知晓了。

自米友仁处归来后,李清照收得一封书信,乃是她早年教读诗词的女弟子韩玉父所寄。韩玉父本是秦人(今陕西一带),父亲也曾在朝廷里谋了个官职,后因金人南侵便举家迁至临安。

李清照自绍兴五年(1135)定居临安后,便常与城中显贵门庭里的女眷多有往来,许多人家亦会请其为家中的女孩们讲授诗文。这韩玉父便是因缘巧合,拜在了李清照门下。

数年前,韩玉父年已及笄,其父将她嫁与了太学生林子建。去岁,林子建得了官职,往闽地赴任,韩玉父便拿出家中资财助其成行。林子建原本说秋冬时节再派人来接韩玉父,谁承想,他一去便音讯全无,杳然无踪。韩玉父只得带了奴婢前去投奔，可到了闽地却打听得林子建已转任旴江（今江西抚州广昌县一带）。

韩玉父为了寻夫，一路颠沛流离，实感旅途艰辛，命运不济。在一处名为漠口铺的地方辗转停留时，韩玉父偶得一诗，迢迢寄来，恳请李清照评鉴。

李清照得知此情，只余一叹，展开弟子诗卷，但见那末两句写着"生平良自珍，羞为浪子妇。知君非秋胡，强颜且西去"，又不觉皱眉。李清照明白，韩玉父千里寻夫是无奈之举，作此哀怨之词也在情理之中。她不由得想起当初独自南奔的时候，想起赵明诚在池阳作别的情境，顿觉心口生疼，但李清照觉得，这疼痛不全然是为了自己。

难道女子学诗填词就仅仅是为了记录这些闺阁哀愁吗？是她们真的别无他物可写，只将全部的才情与感情都投注在闺中世界，还是这个世界本就容不得女子探寻更广阔的天地？

声声慢

寻寻觅觅，冷冷清清，凄凄惨惨戚戚。乍暖还寒时候，最难将息。三杯两盏淡酒，怎敌他、晚来风急？雁过也，正伤心，却是旧时相识。

满地黄花堆积。憔悴损，如今有谁堪摘？守着窗儿，独自怎生得黑？梧桐更兼细雨，到黄昏、点点滴滴。这次第，怎一个愁字了得！

多少年来，我不停地寻寻觅觅，却只落得个冷冷清清，凄凄惨惨戚戚。在这个乍暖还寒的时节，实在是难以保养休息。纵然是饮下两三杯的淡酒，又怎么能抵得住晚间的寒风侵袭？北归的大雁从天际飞过，仿佛是旧时的相识，教人怎不伤心。

院子里的菊花都已落尽，铺撒满地，真是憔悴不堪。如此境地，还能有人来采摘共赏？守在窗边，独自一个人怎么熬到天黑？梧桐树上传来细雨淅沥之声，直到黄昏时候，还在点点滴滴。这般光景，怎能用一个愁字就可说得尽！

在李清照的词作里，那"天教憔悴度芳姿"的菊花终于散落满地，连让她把酒东篱，随分樽前醉一场的机会都没有了，只余下梧桐细雨的凄冷。

世人都喜欢把这阕词当成是李清照对丈夫的刻骨思念，对晚景凄凉的哀怨，可其中真教词人痛彻心扉的愁，又岂是常人所能解得的。

不知是何年何月，也不知是在何时何地，风鬟霜鬓、年迈老朽的李清照遇着了正值豆蔻的孙家女儿。看着小姑娘灵动的双眸、伶俐的神情，李清照仿佛看到了曾经的自己。于是，李清照引逗着小姑娘，说要做她的师父，将毕生所学都传授给她。谁承想，小姑娘陡然神色严肃，一口回绝了李清照，坚定地说："才藻，非女子事也。"

四十多年后，孙氏女以文林郎宁海军节度推官苏瑑之妻的身份病逝临安，她幼年时的这个故事被表叔陆游写进了《夫人孙氏墓志铭》中。而这个故事，是后人可以寻到的，关于李清照在这个世上最后的踪迹。至于李清照究竟何时亡故，又魂归何处，似乎已无人在意了。

一百五十二年的南宋王朝，终究未能夺回中原。纵然李清照曾怀着满心的期望，想来最终也不可能归葬故乡。那她是否会长眠在临安城的西湖边，依偎着江南的青山碧波？又或者和曾经的丈夫赵明诚合葬一处？可赵明诚又在哪里？是当时匆匆入殓的建康城吗，还是被赵氏族人迁葬至别处？

那时节，赵家的族人大都在泉州定居了，虽然次兄赵思诚也于绍兴十七年（1147）亡故，可还有小姑傅赵氏在，三个儿子都在朝为官，家门兴盛。不过，这位小姑三十多岁时丧夫，她守节自誓，操持门庭，携子南渡，是个恪守礼教的贞洁烈女。不知她对李清照的改嫁是否有所非议？她会帮着安排李清照的后事吗？还是李清照的身后之事，仍旧交给了她同父异母的弟弟李迒？此间种种，都只能留与后人遐想了。

李清照生前无数次地遥问"故乡何处是"，或许，对这副区区肉身终究难以归乡的事实，她至死也无法释怀。但是，她那一次"仿佛魂梦归帝所"的心灵叩问，却在千百年后有了真切的答案：千古才女李清照从未离开过这个世界，她的诗魂词魄就凝聚在那浩瀚的夜空之中。纵然泱泱中华的文学历史如星汉般灿烂，李清照，亦是茫茫星辰中，闪耀可辨的那一颗。